Ludwig Bamberger

Verhandlungen des Deutschen Reichstages

über die Währungsfrage am 27. und 28. Januar 1882

Ludwig Bamberger

Verhandlungen des Deutschen Reichstages
über die Währungsfrage am 27. und 28. Januar 1882

ISBN/EAN: 9783744699273

Hergestellt in Europa, USA, Kanada, Australien, Japan

Cover: Foto ©Suzi / pixelio.de

Weitere Bücher finden Sie auf **www.hansebooks.com**

Schriften
des
Deutschen Vereins für internationale Doppelwährung.

Heft 2.

Verhandlungen des Deutschen Reichstages

über die

Währungsfrage

am 27. und 28. Januar 1882.

Reden der Abgeordneten
Leuschner, Dr. Bamberger und von Reden
(nach dem stenographischen Bericht

mit einem Vorwort
von
Dr. Otto Arendt.

Berlin 1882.
Walther & Apolant
Markgrafen-Straße 60.

Schriften
des
Deutschen Vereins für internationale Doppelwährung.

Heft 2.

Verhandlungen des Deutschen Reichstages

über die

Währungsfrage

am 27. und 28. Januar 1882.

Reden der Abgeordneten

Leuschner, Dr. Bamberger und von Reden

(nach dem stenographischen Bericht)

mit einem Vorwort

von

Dr. Otto Arendt.

Berlin 1882.

Walther & Apolant,

Markgrafen-Straße 60.

Vorwort.

In den letzten Sitzungen der abgelaufenen Session des Deutschen Reichstages kam es zu einer Auseinandersetzung zwischen den Anhängern des Bimetallismus und dem Führer der Goldwährungspartei im Reichstage, Herrn Dr. Bamberger. Obgleich die Geschäftslage des Hauses einer derartigen Erörterung überaus ungünstig war, glaubten die Anhänger des Bimetallismus doch die Aufmerksamkeit des Landes auf die Schäden richten zu müssen, die in unserem Münzwesen so offen zu Tage liegen und die eine wachsende Gefahr für die wirthschaftliche Entwickelung unseres Vaterlandes bilden.

Der Abgeordnete Leuschner, Geheimer Bergrath, ein competenter Fachmann, der als Oberberg- und Hütten-Direktor die Betriebsgeschäfte der Mansfelder Kupferschiefer bauenden Gewerkschaft leitet, führte mit einem reichen Thatsachenmaterial die Debatte ein, Herr Dr. Bamberger brachte noch einmal all' die bekannten und oft widerlegten Argumente vor, die er mit großem Geschick und blendender Beredtsamkeit zu gruppiren versteht, zum ersten Mal aber — und es ist das sehr charakteristisch für das Erstarken der bimetallistischen Partei — wurde dem Herrn Abgeordneten Bamberger von der Linken, von dem nationalliberalen Abgeordneten von Reden-Hastenbeck (Hannover) geantwortet.

Wir bedauern lebhaft, daß die Debatte in Anbetracht der vorgerückten Stunde hier abgebrochen werden mußte und daß die Reichsregierung, obwohl durch den Abgeordn Leuschner ausdrücklich befragt, nicht in die Discussion eingriff. Das Schweigen der Regierung documentirt, daß dieselbe den Standpunkt unverändert inne hält, welchen sie nach der Erklärung vom 10. März 1881 im Vorjahre einnahm. Dieser Standpunkt ist zwar ein abwartender, aber er nähert sich in den wesentlichsten Punkten der bimetallistischen Anschauung, indem er insbesondere auf die Gefahr des Goldmangels hinweist, eine Gefahr, welche die Anhänger der Goldwährung für eine Illusion erklären. Jemehr die bimetallistische Bewegung in Deutschland an Boden gewinnt, je mehr die Unmöglichkeit der Durchführung der Goldwährung in Deutschland einleuchtet und je heftiger überall der Kampf ums Gold entbrennt, desto rascher, hoffen wir, wird die Regierung des Deutschen Reiches im Bunde mit den wichtigsten Handelsvölkern Europa's und Amerika's der so nothwendigen Consolidation der monetären Verhältnisse auf bimetallistischer Grundlage näher treten.

Angesichts der offenen Feindschaft, welche ein großer Theil der Deutschen Presse noch immer gegen den Bimetallismus zur Schau trägt, ist der „Deutsche Verein für internatiale Doppelwährung" ins Leben getreten, um Aufklärung über diese wichtige Frage in die weiten Kreise zu bringen, welche bisher, mehr aus Indifferentismus, denn auf Grund sachlicher Prüfung, dem Princip der Goldwährung anhängen.

Wir glauben, den Zwecken unseres Vereins nicht besser entsprechen zu können, als durch die vorliegende Broschüre. Die Referate, welche die Tagespresse über die hier dem stenographischen Bericht nachgedruckte Debatte gaben, enthalten zwar sehr ausführliche Auszüge aus der Rede des Abgeordneten Bamberger, von den Ausführungen der beiden bimetallistischen Redner indessen wurde nur in kurzer und ungenügender Form

Notiz genommen. Es ist das ein bezeichnendes Beispiel dafür, wie ungleich Sonne und Wind im Währungskampfe vertheilt sind, und wenn dennoch die Bimetallisten mit stets wachsendem Erfolg fechten und nach dem Umschwung, der sich zu ihren Gunsten in der Wissenschaft vollzogen hat, nun auch immer mehr Boden in der öffentlichen Meinung gewinnen, so spricht auch das für die Güte der bimetallistischen Sache, die sich eben mit der siegenden Macht der Wahrheit trotz allen Widerstrebens mehr und mehr Bahn bricht und zuletzt doch durchdringen muß, weil der furchtbaren Logik die Thatsachen gegenüber schließlich doctrinäre Vorurtheile machtlos vergehen. Wir unsererseits glauben, daß es der Gerechtigkeit entspricht, den Rednern beider Parteien gleichmäßig Gehör zu geben; wir drucken deshalb die Rede des Abgeordneten Bamberger ebenso ab, wie die Reden unserer Gesinnungsgenossen. Es wird den Mitgliedern unseres Vereins und dem großen Publicum gewiß erwünscht sein, hier Vergleiche anzustellen zwischen den so diametral entgegengesetzten Anschauungen, wie sie in dieser Debatte einander gegenüberstanden. Wir gönnen unseren Gegnern den besten Anwalt, den sie zur Vertheidigung ihrer Ansichten finden können, wir freuen uns, in der Rede des Abgeordneten Bamberger einmal alles zusammengestellt zu finden, was sich für die Goldwährung und gegen den Bimetallismus sagen läßt — wir werden die Antwort darauf nicht schuldig bleiben.

Wenn der Leser dieser Schrift den Eindruck gewinnt, daß die Währungsfrage discussionsfähig ist, wenn er, von der Wichtigkeit der Sache durchdrungen, Interesse für diese Controverse erlangt und sich einer Lectüre der Schriften zuwendet, die in so großer Zahl von beiden Parteien publicirt sind, dann ist unser Zweck erreicht, denn wir dürfen dann hoffen, ihn recht bald als Mitstreiter gegen die Goldwährung begrüßen zu dürfen. — Zu wessen Gunsten eine objective und vorurtheilslose Prüfung der Währungsfrage ausfällt, das ist uns nicht zweifelhaft, die große Zahl hervorragender Männer, die aus Anhängern der Goldwährung Bimetallisten geworden sind, beweist das, — ein Beispiel umgekehrter Bekehrung ist uns nicht bekannt.

Es muß demnach unser erstes Bestreben sein, das Interesse für die Währungsfrage wachzurufen, hierzu aber bedarf es immer wieder des Hinweises darauf, daß unsere Deutschen Münzverhältnisse unmöglich bleiben können, wie sie sind, daß die dauernde Beibehaltung von beinahe einer Milliarde entwertheten Silbergeldes (470 Millionen Mark Thaler und 442 Millionen Mark Silberscheidemünze) unser gesammtes Geld- und Creditwesen auf eine unsichere Basis stellt. Der Ausbruch irgend einer Katastrophe würde das künstliche Gebäude unseres Münzumlaufes über den Haufen werfen, Goldagio, Zwangscours würden mit ihren furchtbaren Consequenzen bevorstehen. Es ist — und darüber sind alle Parteien einig — nothwendig, daß hier Abhilfe eintritt; entweder wir müssen unser Silber losschlagen oder — wir müssen die Beseitigung der Silberentwerthung herbeiführen, denn nicht das Silber, sondern das entwerthete Silber gefährdet unsern Verkehr.

Von der Ansicht ausgehend, daß nicht Gold genug in der Welt vorhanden ist, um das Silber als Geldmetall entbehrlich zu machen, in der Gewißheit, daß die Silberentwerthung lediglich eine Folge der dem Silber feindlichen Gesetzgebung ist und daß die verkehrsschädlichen Schwankungen im Werthverhältniß beider Edelmetalle zu beseitigen sind, wenn in den Haupthandelsstaaten dasselbe Werthverhältniß den Münzprägungen zu Grunde gelegt wird, wenn demnach überall ein beinahe unbeschränktes Angebot von Gold- und Silbermünzen und überall eine ebenso weit gehende Nachfrage nach beiden Edelmetallen seitens der Münzstätten existirt, von diesen wissenschaftlich bewiesenen Voraussetzungen ausgehend, wünschen die Bimetallisten, daß das Deutsche Reich durch Beseitigung der Silberentwerthung aus der jetzigen mißlichen Position herausgebracht werden solle, und daß eben deshalb Deutschland mit dem Princip der Goldwährung breche und — nachdem Frankreich, die Vereinigten Staaten, Holland, Italien und Spanien den Bimetallismus acceptirt haben, nun auch seinerseits im Rath der Völker energisch seine Stimme zu Gunsten dieser so heilsamen Reform des Geldwesens erhebe.

Die Anhänger der Goldwährung sind ebenso wenig wie wir willens, den Status quo aufrecht zu erhalten; daß sie jetzt die Offensive aufgegeben haben und zufrieden sind, sich zu vertheidigen, ist nur ein Zeichen ihrer zunehmenden Schwäche.

Die Anhänger der Goldwährung fordern — und von ihrem Standpunkte aus mit vollster Berechtigung, — den Verkauf der noch vorhandenen Silberthaler.

Sollte die Deutsche Reichsregierung auf diese Pläne eingehen, so wäre die Folge eine neue, unberechenbare Silberbaisse, eine Störung des Handels mit Asien und Amerika. Da aber für das verkaufte Silber Gold nach Deutschland gezogen werden müßte, so würde dadurch der Goldmangel erheblich gesteigert, die Lage der Dinge überall grabezu unerträglich gemacht werden. Die Deutschen Bimetallisten, im vollen Bewußtsein der Wahrheit ihrer Sache, würden eine Wiederaufnahme der Deutschen Silberverkäufe überwiegend nicht ungern sehen. Es würde dadurch die Probe auf das Exempel gemacht werden, und man würde sehr bald zu der Einsicht gelangen: auf diesem Wege kommen wir nicht vorwärts. Wir würden indessen lieber sehen, wenn auf dem Wege friedlicher Agitation die bimetallistische Idee zum Siege gelangte und der Welt die Krisis erspart bliebe, an deren Anfang wir jetzt stehen, und die wesentlich verschärft würde, sobald die Deutschen Silberverkäufe wieder aufgenommen werden.

Wir hören oft die Ansicht äußern, es sei doch nun mal die Goldwährung bei uns herrschend, Aenderungen müßten grade im Münzwesen vermieden werden, und deshalb empfehle es sich auch, bei der Goldwährung zu bleiben. Diese vielverbreitete Anschauung ist durchaus falsch; wie wir eben nachwiesen, müssen wir eine Aenderung unbedingt eintreten lassen. Und selbst das ist falsch, daß wir die Goldwährung factisch oder rechtlich in Deutschland besitzen. Unser Münzgesetz bestimmt die Einführung der Goldwährung in Deutschland, wir sind aber in dem Versuch dieser Einführung stecken geblieben. Grade auch in der hier publicirten Debatte spielte diese Frage eine große Rolle, und es ist wichtig, das Publicum auf den vielverbreiteten Irrthum aufmerksam zu machen, der hier vorwaltet. Von einer bestehenden Goldwährung in Deutschland sollte in der That nicht gesprochen werden, da die Goldwährung niemals in Deutschland gesetzlich eingeführt ist.

Mit sehr großem Recht sagte der Abgeordnete Leuschner deshalb in der nachfolgenden Rede: „Zur Zeit besteht die Goldwährung bei uns nur auf dem Papier", und fuhr, von der Linken unterbrochen, fort „ja, das hilft alles nichts — denn so lange wir noch ungefähr 500 Millionen Mark in vollwerthig ausgeprägten Thalern mit obligatorischer Pflicht zur Annahme bei allen Zahlungen in Circulation haben, kann man von einer wirklichen reinen Goldwährung überhaupt nicht reden, wir haben nur scheinbar die Goldwährung, und ich sehe gar keinen Grund ein, weshalb wir Veranlassung haben, blos am Schein zu hängen." Diese Worte scheinen den Herrn Abgeordneten Bamberger ganz besonders unangenehm berührt zu haben, denn in seiner großen Erwiderungsrede widmet er ihnen folgende Antwort: „Ganz im Gegensatz zu dieser meiner Anschaung hat allerdings der geehrte Herr College Leuschner gesagt, unsere Goldwährung stünde blos auf dem Papier, sie wäre lediglich ein Schein. Geehrter Herr College, da haben Sie ein großes Wort gelassen ausgesprochen, denn ich möchte einmal wissen, was die Welt machen würde, wenn sie Ihrer Meinung wäre. Verehrter Herr, unser ganzer Handel und Verkehr, unsere ganze Stellung in der Welt, der Ehre, dem Credit, dem Umsatz, der Production und dem Absatz nach beruht auf der factischen Goldwährung, die wir haben und ohne die wir uns in der Welt nicht könnten sehen lassen. Was glauben Sie denn, daß ein Wechsel auf Berlin in Paris werth wäre, wenn wir nicht die Goldwährung hätten? Glauben Sie, daß man Ihnen dort 123 Frcs. für einen Hundertmarkschein geben würde, wenn das nicht wäre? Man würde nur 100 Mark dafür geben, und ich begreife nicht — ach mein Gott, was begreift man alles in der Hitze der Discussion nicht, ich gehe vielleicht zu weit — aber ich sage, es ist mir schwer verständlich, daß ein Herr, der im praktischen Leben steht und der weiß, was das praktische Leben braucht, daß der hier vor dem Forum der Deutschen Nation, vor der ganzen Welt, die bis nach China und bis nach Japan hinein mit unserer Goldwährung rechnet, ausspricht, diese unsere Goldwährung stünde nur auf dem Papier, wäre nur Schein."

Der Leser wird die weiteren Ausführungen Bamberger's unten in dessen Rede nachlesen, wir unsererseits müssen unsere Verwunderung aussprechen über die Blöße, die der parlamentarische Führer der Deutschen Goldwährungspartei sich hier gegeben hat. Eine Verwechselung von Währung und Valuta sollte einer Autorität auf diesem Gebiet nicht passiren! Wir haben in Deutschland Goldrechnung und Goldvaluta, aber nicht Goldwährung. Selbst der Laie sieht auf den ersten Blick, daß alles, was Bamberger hier von Deutschen Verhältnissen sagt, eben so gut für französische Verhältnisse zutrifft. Gilt nicht ein Hundertfrankenschein in Berlin auch 81 Mark oder genau so viel wie 5 goldne Napoleons; rechnet man nicht in der ganzen Welt auch Forderungen auf Frankreich als Goldforderungen, und doch wird Niemand behaupten, daß Frankreich die Goldwährung hat. Frankreich hat gesetzlich die Doppelwährung, aber nachdem die Silberausprägungen suspendirt sind, hat es Goldrechnung und Goldvaluta wie Deutschland.

Man glaube nicht, daß es sich hier um einen Streit mit Worten handelt; wie wichtig diese Unterscheidung ist, das hat Niemand klarer erkannt als Herr Dr. Bamberger. Auf seine Veranlassung wurde bei der Berathung des Münzgesetzes von 1873 zwischen Reichswährung und Reichsgoldwährung unterschieden, und in Bamberger's Hauptschrift „Reichsgold" Seite 199 lesen wir folgendes: „Die am 22. September dieses Jahres (1875) für den 1. Januar 1876 verkündigte Kaiserliche Verordnung hat die Reichswährung eingeführt, aber nicht die Reichsgoldwährung, wie vielfach fälschlich angenommen wird. Mit gutem Vorbedacht hat der erste Artikel des Münzgesetzes vom 9. Juli 1873 einen Unterschied gesetzt zwischen Reichsgoldwährung und bloßer Reichswährung.*) Die letztere allein regelt unsere Münzverfassung, so lange der erste Absatz des Artikels 15 unseres Münzgesetzes in Kraft steht. Derselbe lautet:

„An Stelle der Reichsgoldmünzen sind bei allen Zahlungen bis zur Außercourssetzung anzunehmen 1) im gesammten Bundesgebiete an Stelle aller Reichsmünzen die Ein- und Zweithalerstücke Deutschen Gepräges unter Berechnung des Thalers zu 3 Mark." Diese Außercourssetzung, welche nach Artikel 8 desselben Gesetzes vom Bundesrath angeordnet wird, ist bis jetzt noch nicht erfolgt. Erst wenn sie verkündet wird und das Silber nicht mehr als gleichberechtigtes Geld neben dem Golde umläuft, erst dann ist Sinn und Absicht des Gesetzes in Erfüllung gegangen." So Herr Dr. Bamberger im „Reichsgold", in den Verhältnissen ist seitdem keine Aenderung eingetreten, der Artikel 15 des Münzgesetzes ist noch in Kraft, die Thaler circuliren noch mit voller Zahlkraft, und ihr Betrag ist noch heut so groß, wie man zu jener Zeit in Folge falscher Berechnungen ihn auch nur schätzte. Wir haben demnach

---

*) Auf Antrag des Abgeordneten Bamberger.

heut nicht die Reichsgoldwährung, sondern die bloße Reichswährung, und wenn der Herr Abgeordnete Bamberger sich seiner eigenen früheren Ausführungen erinnert, dann wird er es vielleicht nicht mehr unbegreiflich finden, daß Abgeordneter Leuschner die Goldwährung in Deutschland als Schein bezeichnete.

Wir besitzen die bloße Reichswährung de jure in Deutschland; daß diese nicht in eine Reichsgoldwährung umgewandelt werde, ist das Streben der Bimetallisten. Die Bimetallisten sind es demnach, die das Bestehende vertheidigen, während die Anhänger der Goldwährung eine verhängnißvolle Neuerung, obwohl sie offenbar Schiffbruch gelitten hat, dennoch weiter verfolgen.

Berlin, Mitte Februar 1882.

Otto Arendt,

Schriftführer des Deutschen Vereins für internationale Doppelwährung.

Abgeordneter **Leuschner** (Eisleben): Meine Herren, es ist allerdings schon ziemlich spät, indessen wir haben noch keine Gelegenheit gehabt, über die Münzverhältnisse zu sprechen; ich muß deshalb bitten, daß Sie die Güte haben, mich anzuhören.

Aus der dem Reichstag unterm 26. November des Vorjahres vorgelegten Denkschrift und aus früheren Vorlagen über die Ausführung des Münzgesetzes ergiebt sich, daß im Jahre 1879 46 387 000 Mark in Goldmünzen ausgeprägt wurden, im Jahre 1880 27 992 000 Mark, im Jahre 1881 bis zum 1. November nur 6 866 000 Mark. Diese Ziffern beweisen einen sehr starken Rückgang in der Ausprägung der Goldmünzen. Es überrascht das um so mehr, wenn gleichzeitig constatirt wird, daß in demselben Zeitraum des vergangenen Jahres $9^{8}/_{10}$ Millionen Silbermünzen ausgeprägt worden sind, das heißt also: unter der Herrschaft der Goldwährung mehr Silbermünzen als Goldmünzen.

Den Ausprägungen von 6 866 000 Mark in Gold steht gegenüber der Goldconsum, der in Deutschland für industrielle Zwecke nach Soetbeer allein auf etwa 33 Millionen Mark zu schätzen ist. Dazu kommen außerdem Abnutzung, Verluste und Export. Nach Amerika wurden ausweislich der statistischen Nachrichten im Jahre 1881 auch noch beträchtliche Mengen von Gold exportirt, schätzungsweise wohl ebensoviel als ausgemünzt worden ist.

Auch die Goldankäufe der Reichsbank zeigen einen Rückgang. Es wurden im Jahre 1879 angekauft 89 252 000, im Jahre 1880 46 208 000, im Jahre 1881 bis zum 15. November 28 564 000 Mark. Das ist ein Sinken um ungefähr je die Hälfte.

Leider enthält die Denkschrift keine Angabe, welche Goldentnahmen bei der Bank stattgefunden haben, und wie der Baarbestand der Bank sich zusammenstellt. Nach meiner Auffassung ist es nothwendig, daß man weiß, wie die Bestände sich nach Gold und Silber getrennt zusammensetzen. Ohne diese Ziffern ist man in der That kaum in der Lage, die wichtigen Fragen, die sich an dieses Verhältniß schließen, vollkommen genau zu beurtheilen, und so weit meine Kenntniß reicht, werden dieselben auch in anderen Ländern bei den Bankausweisen einer derartigen Publication nicht vorenthalten.

Ferner finden wir in der Denkschrift, daß ein Bruttogewinn von 1 333 716 Mark bei Ausprägung von 15 Millionen neuer Scheidemünzen in Einnahme gestellt ist. Nach meiner Auffassung würde man zweckmäßig verfahren, wenn dieser Betrag lediglich in Reserve gestellt wird; denn er entspricht einer Verpflichtung des Reichs, den unterwerthigen Münzen gegenüber seinerseits gerecht zu werden. Allerdings rechnen die Herren der Goldwährungspartei in anderer Weise; sie nehmen den gedachten Gewinn aus der unterwerthigen Ausprägung und bringen damit in Zusammenhang den thatsächlichen Verlust beim Verkauf des Silbers. Die Herren haben auf diese Weise nach meiner Auffassung in der That durch ein calculatorisches Kunststück erster Klasse es fertig gebracht, die Kosten der Deutschen Münzreform auf circa 20 Millionen Mark zu calculiren; sie rechnen nämlich, daß ungefähr 44 Millionen Mark Verlust gewesen sind, darunter 24 Millionen unterwerthige Münzen, bleiben 20 Millionen übrig. Nach unserer Auffassung giebt es hiergegen nur eine einzige richtige Berechnung, das ist die, daß man sich vergegenwärtigt, was überhaupt beim Verkauf des Silbers herausgekommen ist. Es wurden verkauft im ganzen 7 104 895 Pfund Silber, welche vor der Entwerthung des weißen Metalls einen Werth hatten von 639 440 639 Mark; statt dessen sind durch den Verkauf nur gelöst worden 567 139 992 Mark, das giebt einen absoluten Verlust von 72 300 647 Mark. Immerhin, meine Herren, erscheint dieser Verlust verhältnißmäßig noch ganz geringfügig gegen diejenigen Summen, die uns in Aussicht stehen, wenn wir mit der weiteren Ausführung der Goldwährung vorschreiten.

Es liegt mir gerade ein Excerpt aus einer Zeitung vor, in welcher die Ansichten der Holländischen Regierung über die Münzfrage auseinandergesetzt werden. Ich werde mir gestatten, dasselbe ganz kurz vorzulesen. Es heißt:

Aus dem Haag.

In ihrem Bericht über die Etatsvorlage des Finanz=
departements für 1882 hatten die Abtheilungen der zweiten
Kammer auch die Aufmerksamkeit der Regierung auf die
Münzverhältnisse zu lenken versucht. Der Minister erklärte
nun, die Regierung sei vollkommen von der Ueberzeugung
durchdrungen, daß, falls es nicht mittels eines internatio=
nalen Staatsvertrags gelänge, die Doppelwährung aufrecht=
zuerhalten, durch die daraus entstehende Entwerthung des
Silbers eine Verwirrung entstehen dürfte, deren Folgen
gar nicht abzusehen seien. Die Regierung bleibe denn auch
in diesem Sinne auf diplomatischem Wege thätig und sehe
der im Monat April dieses Jahres abzuhaltenden interna=
tionalen Conferenz hoffnungsvoll entgegen.

Während der letzten 14 Monate sei, wie der Minister
noch erklärte, nicht bloß fast sämmtliches Gold der Nieder=
ländischen Bank, sondern außerdem noch 21 950 240 Gulden
an geprägten Goldstücken nach Nordamerika exportirt worden.

Sollte wider Erwarten die nächste Conferenz kein be=
friedigendes Resultat erzielen, so würde die Regierung sich
nothwendig dafür entscheiden müssen, entweder einen großen
Theil der groben Silbermünzen der Circulation zu entziehen
und zu veräußern, oder sich mit den weiteren Folgen des
factischen Bestehens der Silberwährung zu beruhigen, ob=
wohl beide Systeme ernste Folgen nach sich zu ziehen drohen.

Nach dieser Notiz, gegen deren Richtigkeit keine Zweifel
vorliegen, dürfen wir annehmen, daß die holländische Re=
gierung zur Goldwährung überzugehen die Absicht hat, wenn
die Pariser Konferenz, die im April dieses Jahres wieder zusammen=
tritt, resultatlos verläuft. Auch die Regierung der nordamerika=
nischen Freistaaten bereitet Maßregeln vor, welche zu einer ferneren
Entwerthung des Silbers führen werden, nämlich die Aufhebung
der Ihnen ja jedenfalls allen bekannten Blandbill.

Unter solchen Verhältnissen kann man nach meiner Auffassung
nicht zweifeln, daß wir am Vorabend gewaltiger wirthschaftlicher
Erschütterungen stehen, welche nothwendiger Weise eintreten werden,

wenn das Silber einer abermaligen Entwerthung entgegengeht, und gleichzeitig damit die Kaufkraft des Goldes in großem Maße steigt.

Zur Zeit besteht bei uns überhaupt die Goldwährung nur auf dem Papier;

(Zuruf links)

— ja das hilft alles nichts — denn so lange wir noch ungefähr 500 Millionen Mark in vollwerthig ausgeprägten Thalern mit obligatorischer Pflicht zur Annahme bei allen Zahlungen in Circulation haben, kann man von einer wirklichen reinen Goldwährung überhaupt nicht reden; wir haben nur scheinbar die Goldwährung, und ich sehe gar keinen Grund ein, zu was wir Veranlassung haben, bloß am Schein zu hängen. Man ist eben durch die Macht der Thatsachen verhindert worden, das, was man gewollt hat, wirklich zur Ausführung zu bringen. Es ist eben einfach nicht gegangen. Die Goldwährung, meine Herren, wurde in Deutschland bona fide eingeführt, selbstverständlich; man war der Meinung, daß wir Gold in Ueberfluß haben, man glaubte ferner, daß durch die Goldwährung eine erhebliche Entwerthung des Silbers nicht eintreten würde. Beide Voraussetzungen sind nicht eingetroffen, sie haben sich vielmehr als große Irrthümer erwiesen.

Ich will Sie, meine Herren, bei der vorgeschrittenen Zeit hier nicht mit weitläufigen Erörterungen behelligen; ich hatte mir eigentlich vorgenommen, Ihnen zugleich jetzt einige geologische Mittheilungen über das Vorkommen von Gold auf unserem Erdkörper vorzutragen. Ich muß Sie nun in dieser Beziehung auf die Schrift einer Autorität der Wissenschaft, des Professor Süß in Wien, verweisen. Derselbe hat schon im Anfang des vorigen Decenniums nachgewiesen, daß die Production an Gold abnehmen werde. Die Herren der Goldwährungspartei, vor denen ich alle Hochachtung habe, die aber — Sie verzeihen mir die Bemerkung — doch von der Ansicht durchdrungen zu sein scheinen, daß sie alles allein am besten wissen, sich gewissermaßen für infallibel halten, die haben das natürlich auch bestritten. Nichtsdestoweniger beweisen die Erfahrungen, daß die Voraussetzungen, die der Professor Süß, ein sehr hervorragender Geologe, gemacht hat, viel schneller in Erfüllung gegangen sind, als alle Welt geglaubt hat. Wir befinden uns nämlich effectiv bereits in einem Zustand der Goldnoth.

Unser geehrter College hier im Reichstage, Herr Dr. Bamberger, hat in einer Sitzung des Reichstags vom 10. März v. J. gesagt: Die höchste Ziffer der Goldproduction, welche die Statistik nachweist, geht etwas über 500 Millionen Mark hinaus, und jetzt sind wir an ungefähr 400 Millionen Mark.
Die letztere Ziffer ist auch nach meiner Auffassung richtig, und sie wird auch bestätigt durch die Schätzungen verschiedener Herren, die sich mit dieser Frage in hervorragendem Maße beschäftigt haben. Ich meine die Herren Emile de Laveleye und Dr. Arendt, letzterer in Berlin.
Dagegen aber ist die erste Ziffer, über die Maximal-Production von 500 Millionen Mark, doch nicht ganz richtig und bedarf einer Rectification, um richtig zu beurtheilen, wie sich zur Zeit das Verhältniß zwischen dieser Maximalproduction und derjenigen Production ergiebt, zu der wir jetzt gekommen sind. Nach den Angaben von Hektor Hay, dessen Schätzungen noch hinter denen von Soetbeer zurückbleiben, sind unter anderem im Jahre 1852 731 Millionen Mark Gold, im Jahre 1853 622 Millionen Mark Gold producirt worden. Es folgt daraus, meine Herren, daß bereits im vorigen Jahre ungefähr 331 Millionen Mark Gold weniger producirt worden ist wie in 1853. Ein solcher Rückgang ist doch ganz kolossal. Die Länder, in denen das meiste Gold gewonnen wird, sind Amerika, Australien und Rußland. Alle anderen Länder treten dagegen vollkommen zurück. Nur allein Rußlands Production hat in den letzten Decennien nicht abgenommen; sie wird aber auch nicht erheblich weiter zunehmen, — aus klimatischen Gründen. Die Goldproduction in Amerika und Australien dagegen — es thut mir sehr leid, daß ich schon wieder mit einer ganzen Reihe von Zahlen kommen werde, es bleibt aber nichts übrig, ich muß dieselben anführen, sonst werde ich mit meinen Anführungen nichts beweisen können — also, die Goldproduction in Amerika und Australien ist ungefähr um die Hälfte gefallen. Während in Amerika im Jahre 1853 noch für etwa 65 Millionen Dollars Gold gewonnen wurden, betrug die Production dieses Metalles im Jahre 1880 nur noch 32½ Million, die Hälfte. Die wichtigsten Goldwäschen in Australien waren in der Colonie Victoria. Dort betrug die Goldproduction im Jahre 1856 2 988 291 Unzen. Sie sank bis 1872 auf 1 331 377 Unzen,

bis zum Jahre 1879 auf 758 947 Unzen, also auf ungefähr ¼ der Höhe von 1856.

Das sind in der That Ziffern, die allen denjenigen, welche zur Goldwährung neigen, doch die ernsteste Veranlassung geben dürften, sich klar zu machen, was daraus folgt, wenn man sich noch jetzt der Vermuthung hingeben will, daß genug Gold vorhanden sei. Denn wir in Deutschland produciren so gut wie gar kein Gold. Dazu kommt aber ferner eine wesentliche Veränderung in der Vertheilung des Goldes. Nach den bisherigen Verhältnissen und Erfahrungen ergab sich, daß etwa ein Drittel des Goldes, welches überhaupt zur Disposition stand, auf die Vereinigten Staaten von Nordamerika fiel. Dieses Quantum kam früher in der Hauptsache mit nach Europa. Jetzt gebrauchen die Vereinigten Staaten von Nordamerika dieses Gold selbst; ja, die Amerikaner holen sich sogar noch fremdes Gold. Sie haben sich Gold von Europa geholt, was Europa theilweise besitzt resp. besessen hat. Selbst von Australien ist direct nach Amerika Gold exportirt worden; die Goldmenge, welche in den letzten Monaten des vorigen Jahres auf diese Weise nach San Francisco gekommen ist, beträgt 3½ Millionen Dollars.

Ich komme jetzt zu weiteren Zahlennachweisen über die Einfuhr und die Ausfuhr von Gold in England, welche deshalb von Bedeutung sind, weil bisher England der Hauptmarkt für Gold gewesen ist, — man kann wohl sagen, fast für alles Gold, was auf der Erde producirt worden ist. Die betreffenden Zahlen beruhen auf der officiellen englischen Statistik.

Es waren in England in Millionen Pfund Sterling:

	Durchschn. Goldeinfuhr pro Jahr:				Gold einfuhr zusammen	Gold ausfuhr	Differenz
	aus Australien	aus den Ver. Staaten Nordamerikas	aus anderen Ländern	Gesammteinfuhr			
1858/67	6,4	5,9	5,7	18,0	179,7	132,1	plus 47,6
1868/77	6,8	5,3	6,9	19,1	190,5	156,8	plus 33,7
1878	5,9	0,8	14,2	20,9	20,9	15,0	plus 5,9
1879	3,1	0,4	9,8	13,3	13,3	17,6	minus 4,3
1880	3,5	0,05	5,85	9,5	9,5	11,8	minus 2,4
1881	4,47	0,023	5,4	9,962	9,9	15,5	minus 5,6

Diese Zahlen, meine Herrn, beweisen einen vollständigen Umschwung seit 1879 in den ganzen Verhältnissen des Goldmarkts, und diese Verhältnisse erläutern sich ganz allein und ausschließlich daraus, daß eben weniger Gold zu haben gewesen ist. Die Verminderung der Goldzufuhr beschränkt sich nach obigen Zahlen im wesentlichen auf Amerika und Australien und beziffert sich im Durchschnitt für das letztvergangene Jahr auf circa 8 Millionen Pfund Sterling. Wenn nun feststeht, daß die Australische Zufuhr nicht zunehmen wird, im Gegentheil, daß dieselbe mit der fortschreitenden Erschöpfung der Goldlager, welche eine Thatsache ist, über die überhaupt nicht gestritten werden kann, noch weiter nachlassen muß; wenn ferner feststeht, daß wir gar keine Aussicht haben, auf fernere Sendungen von Amerika uns Hoffnung zu machen, wenn im Gegentheil die Befürchtung gerechtfertigt ist, daß Amerika sogar noch von uns Gold holt: so kann doch kein Mensch bestreiten, daß wir uns nicht in einem Ueberfluß von Gold befinden. Nein, meine Herren, wir haben Mangel an Gold.

(Heiterkeit. Sehr wahr!)

Weil aber auch ferner auf die Russische Production, die noch einer Zunahme nach den bisherigen geologischen Verhältnissen fähig sein würde, wenn die klimatischen Verhältnisse nicht hinderten, nicht zu rechnen ist, indem das große Russische Reich mit seinen 80 Millionen Einwohnern vollkommen allein das Bedürfniß hat, seine Goldproduction von praeter propter 100 Millionen Mark zu consumiren, deshalb weiß ich überhaupt nicht, was bei uns werden soll, resp. in ganz Europa, wenn wir fortfahren sollen, noch immer nach mehr Gold unsere Hände auszustrecken. Es bleibt vielmehr nach meiner Ansicht uns ganz und gar nichts anderes übrig, als die Nachfrage nach Gold zu beschränken oder aber eine in ihren Folgen völlig unberechenbare Vertheuerung des Goldes herbeizuführen. Eine solche Vertheuerung des Währungsmetalls aber, meine Herren — das unterliegt keinem Zweifel für jeden, der überhaupt nationalökonomische Kenntnisse besitzt — im vorliegenden Falle also die Steigerung des Goldwerthes, würde vollkommen identisch sein mit dem Preisrückgange sämmtlicher Arbeitsproducte

(sehr richtig! rechts)

und Waaren, die erzeugt werden. Es ist ferner ebenso unzweifelhaft, daß ein derartiger Zustand, ganz abgesehen von der Beschädigung aller Schuldner, also auch der Beschädigung des Staates, der, wie Sie wissen, unter den modernen Verhältnissen überall ziemlich starke Schulden hat, daß ein derartiges Verhältniß die allergrößten Nachtheile für die gesammten volkswirthschaftlichen Verhältnisse der davon betroffenen Nationen nothwendiger Weise zur Folge haben muß.

Uebrigens gestatte ich mir noch beiläufig die Bemerkung beizufügen, daß ganz ähnliche Verhältnisse über Goldexport und Import, wie ich mir erlaubt habe aus England mitzutheilen, auch in Frankreich stattgefunden haben. Nämlich der Import von Goldbarren ging dort seit 1876 von 96,7 Millionen auf 31,3, von Münzen von 501,6 Millionen auf 163 Millionen Franken zurück, während der Export von 2,6 Millionen Franken Barren und 92 Millionen Franken Münzen auf 44,4 Millionen resp. 368,6 Millionen Franken gestiegen ist.

Diese Ziffern, meine Herren, sprechen deutlich und klar; sie bestätigen die Behauptung, daß in der That in dieser Frage das Schwert des Damokles über unseren Häuptern hängt,

(oh! links)

und daß wir von diesem Schwert sehr arg werden zugerichtet werden, wenn wir uns nicht bei Zeiten endlich entschließen, uns davor gründlich zu schützen.

Zu alledem kommt noch, daß der Goldmangel durch eine fortschreitende Silberentwerthung immer noch viel fühlbarer werden muß und die Werthsteigerung des Goldes nothwendig noch erhöht. Diese weitere Entwerthung des Silbers wird aber die nothwendige Folge davon sein, wenn nach den Absichten der Goldwährungspartei die nicht unterwerthig ausgeprägten Münzen in Silber immer mehr und mehr reducirt werden. In der Reichstagssitzung vom 17. November 1871 sagte der vorhin schon von mir erwähnte College Herr Dr. Bamberger folgendes:

> Das Verhältniß des Goldes zum Silber wie 1 : 15,5 stimmt überein mit dem Durchschnittsverhältniß des ganzen Jahrhunderts, es stimmt überein mit dem Niveau,

in welches Gold und Silber immer gekommen ist, nachdem es bald durch die Entdeckung von Minen, bald durch den amerikanischen Krieg gestört worden ist, und ich glaube, die Reichsregierung kann es vollständig rechtfertigen, daß sie das Verhältniß von 1 : 15,5 gewählt hat. Gewiß, ich bin vollkommen einverstanden mit dem, was der Herr Dr. Bamberger damals gesagt hat. Das Verhältniß von 1 : 15,5 ist in diesem Jahrhundert bis zur Deutschen Münzreform nicht gestört worden; die feste Parität zwischen den beiden Edelmetallen beruhte aber nicht auf dem reinen Zufall: sie beruhte eben ausschließlich auf der Französischen Münzgesetzgebung, das heißt, sie beruhte auf dem Gesetz. Dies Werthverhältniß hat so lange gedauert, bis das Deutsche Reich seine Münzreform vornahm; es wurde gestört mit dem Augenblicke, wo die Französische Regierung ihre Münzstätten der freien Ausprägung des Silbers verschloß. Das war ein Act der Feindschaft gegen Deutschland, ein Act der Feindschaft, mit hervorgerufen durch unsere siegreichen Kriege. Selbst Soetbeer giebt zu, daß Silber nie hätte unter 59 Pence pro Englische Unze fallen können, wenn seine Ausprägung in Frankreich nicht gesetzlich untersagt worden wäre. Ferner hat auch der Professor Lexis, eine jedenfalls bei Ihnen doch anerkannte Autorität, nachgewiesen, daß, wenn die Suspension der Ausprägung der Münzen in Silber in Frankreich nicht untersagt worden wäre, die Länder des lateinischen Münzverbandes sehr wohl all das Silber hätten aufnehmen können, ohne eine Reduction seines Werthes hervorzurufen, was Deutschland zum Verkauf gebracht hat. Uebrigens, meine Herren, beweist auch die Erfahrung, die wir mit dem Golde gemacht haben, auf das allerglänzendste und schlagendste, daß lediglich durch die Französische Doppelwährung eine Aenderung in dem Werthe des Goldes nicht stattgefunden hat, die noch viel eher hätte stattfinden müssen, als beim Silber, was durch unsere Münzreform disponibel geworden ist. Auf der Erde waren nämlich im Jahre 1848 im ganzen nach den Schätzungen der Englischen Statistik ungefähr 400 Millionen Pfund Sterling Gold in Barren und Münzen vorhanden. Bis zum Jahre 1870 war diese Goldmenge durch die kolossale Goldproduction in Californien und Australien bis 750

Millionen Pfund Sterling in die Höhe gegangen; das war eine Steigerung von ungefähr 90 Procent; während in derselben Zeit das Silber bloß von ungefähr 600 Millionen Pfund Sterling auf 650 Millionen Pfund Sterling sich vermehrt hat — **praeter propter 10 Procent**. Meine Herren, alle Welt hat in jener Zeit erwartet, daß das Gold ungeheuer fallen würde. Es ist aber nicht gefallen, ganz einfach, weil die Französischen Münzstätten alles Gold, was überhaupt hinkam, ausmünzten und bezahlten. Wenn also bei einer solchen Differenz — die ist doch eine ganz enorme, meine Herren, 90 Procent, — wenn da der Werth des Goldes nicht gefallen ist, so liegt nach meiner Ueberzeugung hierin einer der glänzendsten Beweise, die überhaupt möglich sind, für die Behauptung, daß in der gesetzlichen Regulirung des Werthes dieser Metalle vollkommen die Sicherheit vorhanden ist, die wir vom Standpunkt des Bimetallismus überhaupt verlangen. Deshalb, meine Herren, giebt es auch kaum einen größeren und verhängnißvolleren Irrthum, als die Annahme, die wir ja so oft hören, daß die Entwerthung des Silbers durch eine kolossale Zunahme der Silberproduktion in Amerika oder durch eine Abnahme des Bedarfs in Asien zu erläutern ist.

Mit Rücksicht auf die vorgeschrittene Zeit will ich mich hier enthalten, Ihnen noch nähere Zahlen dafür vorzuführen; im Gegentheil gestatte ich mir, Sie auf die sehr lehrreichen und fleißig ausgearbeiteten Schriften des Herrn Dr. Otto Arendt zu verweisen, der über diese Beziehungen in der That gründliche Untersuchungen angestellt hat, und aus dessen Büchern Sie lesen können, daß das richtig ist, was ich hier behaupte, — nicht bloß aus dessen Büchern, sondern indirect auch daraus, daß dieser Behauptung mit Erfolg noch von keiner Seite Widerspruch entgegengesetzt worden ist.

Meine Herren, ich gestatte mir noch hervorzuheben, daß eine Reihe von Herren in hervorragender Stellung im Leben, von hervorragenden Kenntnissen in den wirthschaftlichen Verhältnissen der Völker, sich auch in England seit einiger Zeit zu den Lehren des Bimetallismus bekannt haben. Ich nenne Ihnen hier die Chefs der Bank von England, des größten Geldinstituts, das überhaupt die Erde hat, ich nenne Ihnen die Mitglieder der Handelskammer von Liverpool und Manchester; sie alle sind für den Bimetallismus. Es existirt in England eine Agitation, die von Tag zu Tag mehr und mehr zunimmt, um eben die Irrlehren, die der Monometallismus unter den Völkern hervorgerufen hat, zu beseitigen. Meine Herren, auch die Deutsche Wissenschaft, welche früher den Monometallismus, im Besonderen die Goldwährung, für Deutschland eifrig befürwortet, ist meines Wissens und mit sehr wenig Ausnahme jetzt auf unsere Seite getreten und kämpft für den Bimetallismus. Alle diese Herren haben ganz offen ihre früheren Auffassungen als Irrthümer bekannt. Meine Herren, ich bin unter diesen Verhältnissen, in Erwägung alles desjenigen, was wir hier vom Standpunkte der wirthschaftlichen Verhältnisse unseres Vaterlandes ins Auge zu fassen haben, der Meinung, daß es für das Deutsche Reich die höchste Zeit scheint, eine bestimmte Stellung zur Währungsfrage einzunehmen. Wir wissen nicht, wie die Verhältnisse künftig sich entwickeln werden. Im April dieses Jahres tritt die Pariser Münzconferenz zusammen; es ist uns die Hand geboten, um mit Frankreich und den nordamerikanischen Freistaaten zu einem großen internationalen Bunde zusammen zu treten für den Bimetallismus auf der Basis eines Werthes zwischen Gold und Silber von 1 : 15,5. Ich halte dafür, daß es zweckmäßig wäre, diesen Vereinbarungen beizutreten und das Vaterland vor den großen wirthschaftlichen Niedergängen zu bewahren, die uns mit Sicherheit bevorstehen, wenn wir die Sachen nach dem Princip des laisser faire laufen lassen. Ich bemerke in dieser Beziehung noch, daß, nachdem die Doppelwährung in Frankreich und dem sogenannten lateinischen Münzverband eine lange Reihe von Decennien sich vollkommen bewährt hat, insbesondere rücksichtlich des unveränderlichen festen Werthes von Gold und Silber, erst recht ein solcher Münzverband von den segensreichsten Folgen sein wird, ohne jenes Werthverhältniß irgendwie zu gefährden, wenn zu diesem Gebiete noch ein Zuwachs von etwa 100 Millionen Menschen zutritt, wie sie das Deutsche Reich und die Nordamerikanischen freien Staaten in Aussicht stellen, selbst ohne Rücksicht auf England und auf die vielen kleinen Staaten, welche zum großen Theil unserem Beispiel folgen dürften, wenn wir überhaupt nur bestimmt zur Sache stehen.

Ich habe Sie bis jetzt nur unterhalten von dem allgemeinen Verhältniß der Silberfrage; aber ich muß doch noch auf die schon vorhin erwähnte Thatsache zurückkommen, daß Deutschland kein Gold erzeugt. Zu was sollen wir nun mit aller Gewalt die Goldwährung durchführen, wenn wir nur Silber produciren! In Deutschland wurden in den Jahren 1872 bis 1880 1 435 349 Kilogramm Silber producirt, und dafür wurden nach der amtlichen Statistik 232 883 000 Mark eingenommen. Wenn man dagegen den Werth ansetzt, welchen das Silber gehabt hat, ehe die Deutsche Münzreform in Scene gesetzt worden ist, würden wir im Deutschen Reich einen Geldbetrag von 258 363 000 Mark eingenommen haben, das sind mehr 25 480 000 Mark, ein Verlust, welcher sich bei dem jetzigen Silberpreise jährlich um 5½ Millionen weiter fortsetzen und noch steigern muß, falls das Silber weiter entwerthet wird. Ich erwähne das, wie gesagt, nur beiläufig.

Meine Herren, ich schließe diesen Vortrag und gestatte mir, zum Schluß an den Herrn Vertreter des Bundesraths die Frage zu richten, ob der letztere bereit ist, entweder mit oder ohne England denjenigen internationalen Verträgen beizutreten, die nach den Vorschlägen von Frankreich und den nordamerikanischen Freistaaten in Frage stehen.

(Bravo!)

Abgeordneter Dr. Bamberger: Meine Herren, Sie werden mir es hoffentlich nicht als unnöthige Grausamkeit auslegen, wenn ich heute den Gegenstand, der gestern von dem Collegen Leuschner hier zur Debatte gebracht ist, auch meinerseits bespreche. Ich lege Werth darauf, festzustellen, daß ich nicht derjenige war, der die Debatte begonnen hat; ich hätte Sie gern mit der Sache verschont. Ich weise auf diesen Umstand hin, um Ihre gütige Nachsicht in Anspruch zu nehmen dafür, daß ich Sie am letzten Tage unserer Verhandlungen noch mit dieser Materie behellige. Ich will im übrigen damit durchaus nicht gesagt haben, daß die geehrten Herren von der anderen Seite des Hauses, namentlich mein Herr Vorredner nicht vollständig im Recht gewesen seien, den Gegenstand zur Sprache zu bringen; er beschäftigt ja in hohem Maße die öffentliche Meinung und ist namentlich in der letzten Zeit wieder mit einigem Nachdruck in den Vordergrund des Tagesgespächs und der Presse gerückt worden, und wenn wir auch voraussichtlich heute auf eine bloß akademische Besprechung angewiesen sind, so wird dieselbe immerhin dazu dienen, die gelinde Spannung zur Auslösung zu bringen, welche durch die Ankündigung einer solchen Debatte in den letzten Tagen hervorgerufen worden ist. Meine Herren, die von mir erwähnte Bewegung in der öffentlichen Meinung über unseren Gegenstand ist allerdings eigenthümlicher Art; man kann meiner Ansicht nach nicht sagen, daß das Volk oder selbst die Masse der Gebildeten sich lebhaft an der Bewegung betheiligen, und das kommt zum großen Theil ohne Zweifel daher, daß, wie ich nicht aus eigenem Urtheil sagen will, sondern wie mir sehr oft bezeugt wird, die Wenigsten sich im Stande erklären, die Fragen, die hier zur Auslegung kommen, durch eigenes Urtheil, durch eigene Sachkenntniß zur Entscheidung zu bringen. So lebhaft die Discussion in gewissen Kreisen über diese Frage sein mag, die Kreise selbst sind sehr beschränkt, und ich halte es nicht für unnöthig, gerade deshalb, weil man auch die Kenntniß dieser thatsächlichen Vorgänge nicht voraussetzen darf, mit einem Worte zu bezeichnen, in welchem Stadium sich diese zwar lebhafte, aber auf kleine Kreise beschränkte Bewegung im Augenblick befindet. Bei uns ist erst seit drei oder vier Jahren eine stärkere Anregung zur Bekämpfung unseres gegenwärtigen Münz- oder Währungssystems eingetreten, sie hat in anderen Gebieten der Welt ihren Ausgangspunkt genommen, sie spielt namentlich intensiver in Nordamerika, wo sehr bedeutende Interessen praktischer Art damit verbunden sind; sie ist sodann nach Frankreich übertragen worden durch die Thätigkeit einzelner Personen, wie es denn überhaupt charakteristisch für den ganzen Verlauf der Dinge ist, daß überall einzelne sehr überzeugte und sehr thätige und geschickte Persönlichkeiten sich diesen Aufgaben gewidmet und je nach ihrer Agitationskraft mehr oder weniger Aufsehen oder Erfolg damit erreicht haben. Bei uns ist der Gegenstand mehr publicistisch verfolgt worden und hat sich die Sympathien einer bestimmten Parteischattirung erobert. Die Publicistik beschränkt sich auf Broschürenliteratur und hat eine wesentliche Vertretung in der Journalistik hauptsächlich gefunden in einem hervorragenden Börsenorgane, das ist die Berliner Börsenzeitung.

Ich sage das nicht, um irgend einen Makel auf die Sache zu werfen, sondern bloß, weil im allgemeinen der Eindruck herrscht, als ob diejenigen, welche die Doppelwährungsbewegung bei uns vertreten, besonders von conservativen und anticapitalistischen Anschauungen ausgingen. Es dürfte daher den Herren, die nicht mit den Dingen vertraut sind, interessant sein, zu erfahren, daß das unermüdlichste und heftigste Organ für die Bekämpfung unseres jetzigen Währungssystems in Deutschland ein Börsenblatt ist. In den Börsenkreisen selbst besteht eigentlich weniger Agitation für die Doppelwährung, als stellenweise eine gewisse Antipathie gegen unser gegenwärtiges Münzsystem. Diese Antipathie ist nicht neu, sie ist von langer Zeit her überliefert, manche große Bankhäuser haben von jeher eine besonders zärtliche Anhänglichkeit an die Doppelwährung gehabt; es ist ja bekannt, daß namentlich das Welthaus Rothschild ein eifriger Anhänger dieser Doppelwährung ist, und wohl darf man es dem Einfluß dieses Welthauses zuschreiben, wenn Frankreich nicht vor uns den Uebergang zur Goldwährung genommen hat. Wenn ich von diesen paar großen Bankhäusern absehe, die übrigens in eigener Person nicht militirend auftreten, sondern nur hier und da ihre Ansichten manifestiren, so ist eigentlich in der Geschäftswelt keine lebhafte Ueberzeugung und Agitation für die Doppelwährung vorhanden; gewisse Fabrikantenkreise, die in Beziehung stehen zu Asien, sind allerdings auch dieser Anschauung. Damit ist der Kreis solcher Anhänger wohl im Ganzen erschöpft.

Sehe ich mich weiter um, so sind es auf dem politischen Gebiet namentlich diejenigen, die man mit einem jetzt doch nicht mehr als Spitznamen geltenden Ausdruck, dessen ich mich daher bedienen darf, Agrarier nennt, welche sich am meisten für die Doppelwährung interessiren und sie in ihr Parteiprogramm aufgenommen haben. Sie sehen, es ist eben eine eigenthümlich zusammengesetzte Gesellschaft, und wir kommen vielleicht im Verlauf unserer Erörterung noch darauf zurück, zu sehen, welches hier die treibenden Anschauungen sind — ich sage die treibenden Anschauungen, weil ich durchaus nicht von treibenden Interessen sprechen will. Ich bin überzeugt, daß gerade in dieser Frage, die vorherrschend theoretisch zugespitzt ist, die meisten der Betheiligten bei uns viel mehr von dem dialektischen Reiz und der Eigenliebe in der Verfechtung einer sehr ausgesprochenen Meinung getrieben werden, als vom handgreiflichen praktischen Interesse.

Allem dem gegenüber steht aber die große Masse der Deutschen Geschäftswelt, die zu wiederholten Malen auf das klarste betont hat, daß sie vollständig mit unserer gegenwärtigen Münzverfassung einverstanden ist und daß sie durchaus wünscht, dasjenige, was an derselben zur Vervollständigung noch fehlt, bald vollendet zu sehen. Ich darf mich, ohne mich weitschweifig hier in Constatirung dieser Thatsachen zu ergehen, wohl einfach darauf beziehen, daß der Deutsche Handelstag, als er im November 1880 hier versammelt war, eine sehr ausführliche Discussion über diesen Gegenstand gepflogen hat und daß am Schluß dieser sehr eingehenden Erörterung das Resultat das war, daß von 89 hier versammelten Handelskammern im ganzen 84 sich dahin erklärt haben, daß sie die Aufrechterhaltung unserer gegenwärtigen Münzverfassung verlangen und darauf bringen, das, was an derselben noch zur Vollendung fehlt, mit Energie durchgeführt zu sehen. Von 89 Handelskammern sage ich 84; eine hatte sich enthalten, die Handelskammer für Aachen, und auch diese hat nachträglich noch bekundet, daß, wenn sie zur Motivirung ihrer Abstimmung zum Wort gekommen wäre, sie ebenfalls ihre Zustimmung gegeben haben würde. Das ist doch, glaube ich, ein sehr starkes Zeugniß für die Stellung sowohl der Industrie wie unseres Großhandels zu der gegenwärtigen Münzverfassung. Desgleichen will ich mich nur noch auf die einfache Thatsache berufen, die ich schon einmal in einer früheren Rede erwähnt habe, daß bei der Enquête, welche über die Eisen- und Baumwollenindustrie im Reiche angestellt worden ist, eine Reihe von Fragen ebenfalls dahin gerichtet waren, welche Erfahrungen man an unserer neuen Münzverfassung gemacht und ob man sich über sie zu beklagen habe. Auch hier fielen die Antworten beinahe ohne Ausnahme günstig aus, und wir haben bis heute nicht zu constatiren, daß — erwähnte Ausnahmen abgerechnet — in der Geschäftswelt eine Mißstimmung vorhanden sei bezüglich unserer Währungsverhältnisse, selbst trotz dem gewiß nicht ganz gefahrlosen Zustand, in welchem sie sich in

Folge der im Jahre 1879 eingestellten Silberverkäufe leider befindet. Ich glaube also sagen zu können — ich fürchte keinen Widerspruch — wenn ich, auch abgesehen von jenen vorhandenen actenmäßigen Zeugnissen, ausspreche, daß unsere Gewerbs- und Handelswelt im Großen und Ganzen mit unseren Währungsverhältnissen einverstanden ist und es im höchsten Grade beklagen würde, wenn Hand an dieselben gelegt würde.

Nun, meine Herren, ich will nur noch eins hinzufügen zur Charakterisirung der allgemeinen Haltung der Nation und insbesondere der maßgebenden Kreise gegenüber dieser Materie. Es herrscht vielfach der Eindruck — und leider, glaube ich, hat er auch an sehr einflußreichen Stellen geherrscht — daß diese Frage im Zusammenhang stehe mit der anderen Controverse, ob Freihandel, ob Schutzzoll?

(Zuruf.)

— Ja, Herr College Leuschner, Sie allerdings wissen, daß es nicht so ist, weil Sie sich mit der Materie eingehend beschäftigt haben. Aber im großem Publicum ist das nicht so bekannt, und nicht bloß im großen Publicum, sondern auch in Sphären, deren Vorstellungen für unsere Frage keineswegs gleichgültig sind. Ja, ich könnte da sogar Citate dafür anführen, daß man unter dem Eindruck steht, die Schutzzöllner seien Doppelwährungsmänner und die Anhänger der Goldwährung seien Freihändler. Also ich weiß, es wird mir von Seite meiner verehrten Antagonisten kein Widerspruch darüber zukommen, wenn ich einfach constatire, die Ansichten sind in beiden Lagern gemischt. Wir können auch hier mit Doppelwährungsleuten aufwarten — ich sage „hier", weil auf dieser linken Seite die Meinung für Goldwährung vorwiegt. Und ebenso hat die Goldwährung viele Anhänger beim Schutzzoll. Ich lege großes Gewicht darauf, daß das feststehe.

Nun, meine Herren, hat der Herr College Leuschner Ihnen gestern zur Begründung seines Vortrags eine große Menge von Zahlen vorgeführt. Ich werde seinem Beispiele nicht folgen. Es hat ja jeder seine Methode, ich glaube aber, daß die meinige im gegebenen Falle die richtigere ist. Diese Zahlen, mit einer Ausnahme, auf die ich vielleicht noch zurückkomme, waren, so viel ich hören konnte, richtig, wie er ja auch meine Zahlen von früher her anerkannt hat. Aber sie sind doch eigentlich nur für den klar, der sie schon kennt. Ich frage, meine Herren, diejenigen — und das ist anerkanntermaßen die große Mehrzahl von uns hier —, die sich mit der Materie nicht sehr eingehend beschäftigt haben, was können die aus diesen rasch an einander gefädelten Zahlen, in der Schnelligkeit des Vortrags schließen, was können sie nur mit dem Ohr, viel weniger noch mit dem Verstande percipiren, wenn sie so rasch gegeben werden? Sie haben nur Werth für den Sachkenner, der sie bereits kennt. Ich werde mich deshalb mehr in allgemeinen Charakterisirungen bewegen und anheim geben, mir zu widersprechen, indem man Zahlen anführt, welche meine Darstellung widerlegen sollen. Jetzt habe ich Herrn Collegen Leuschner nur eine einzige Bemerkung zu machen. Er war gestern sehr freundlich in seinem Tone, und ich werde mich gewiß bemühen, ganz in derselben Weise die Discussion fortzusetzen, was sich ja am Tage unseres Auseinandergehens noch ganz besonders empfiehlt. Aber einen Vorwurf hat er mir gemacht, wegen dessen ich mich sanft oder, wie man mir zuschreibt, wehmüthig beklagen will. Er hat gesagt, die Goldwährungsmänner machen Anspruch auf Infallibilität. Ich weiß nicht, worauf diese Behauptung sich stützt; daß man seiner eigenen Ueberzeugung ist, das gehört, wie mir scheint, dazu, daß man überhaupt eine habe; daß man nicht zwei Meinungen zugleich haben kann, scheint mir auch einleuchtend. Also worin soll der Schein des Infallibilitätsanspruches liegen, wenn nicht etwa darin, daß man, wie es Pflicht ist, hier nur mit voller Ueberzeugung auftritt? Es ist allerdings in den letzten Jahren in Deutschland Mode geworden, zu sagen, es sei kein Verbrechen, seine Meinung zu wechseln. Der Ansicht bin ich auch. Es ist aber auch kein Verbrechen, bei seiner Meinung zu bleiben, und ich kann von mir behaupten, meine Herren, daß ich gerade in diesem Punkte seit länger als 20 Jahren die Richtung vertreten habe, die ich jetzt noch vertrete und in der ich mich immer mehr befestigt habe. Meine erste Abhandlung zu Gunsten der Goldwährung ist im Jahre 1861 erschienen, als noch niemand an das Deutsche Reich dachte und als ich noch nicht die Hoffnung haben konnte, einstmals die Ehre und das Glück zu haben, hier die Sache vor Ihnen zu vertreten.

Meine Herren, die Bewegung, die ich bekämpfe, hat, wie ich schon vorhin angedeutet habe, ihren Ausgangspunkt nicht von uns genommen; sie hat ihre stärksten Repräsentanten früher nur im Auslande gehabt. Es waren namentlich Amerikaner, und in Frankreich, wenn ich von der weiter zurückliegenden Gelehrtenthätigkeit des verstorbenen Wolowski absehe, ein in Paris eingebürgerter Italiener, Herr Cernuschi, welche diese Bewegung mit großem Eifer betrieben. Sie haben erst später auch in Deutschland einen sehr geschickten Mitkämpfer gefunden, dem es hauptsächlich zuzuschreiben ist, daß diese Agitation überhaupt so große Dimensionen bei uns angenommen hat. Ich muß seinen Namen nennen, obgleich ich ungern Namen von Herren in die Debatte ziehe, die nicht Mitglieder dieses Hauses sind; ich werde es aber in ganz objectiver Weise thun, nur weil es zum Verständniß der ganzen Sachlage gehört. Diejenigen, die im Auslande diese Bewegung führen und die im Inlande mit ihr sympathisiren, haben das Glück gehabt, in dem Herrn Dr. Arendt, einem jungen Gelehrten, dessen Name hier oft genug genannt worden ist, einen sehr eifrigen und gewandten Kampfgenossen zu finden. Er hat sich zwar im Anfang seines Eingreifens in diese Debatte nicht gerade immer großer Objektivität beflissen; aber das erklärt sich aus seiner Jugend, und er scheint von seinen heftigsten Anläufen nachzulassen. Alles in allem hat er sich gewiß einen hervorragenden Platz in der Arena dieses Kampfes gesichert. Meine Herren, wenn Sie diesen Herrn aus der jetzigen Bewegung entfernen, so werden Sie, glaube ich — ich will damit natürlich nicht unserem Herrn Collegen von Kardorff zu nahe treten, dessen Theilnahme an dieser Sache ja viel älter ist; aber ausgenommen Herrn von Kardorff hat die verzehrende, lebhafte und geschickte Thätigkeit des Herrn Dr. Arendt eigentlich drei Viertel von dem gemacht, was in Deutschland von dieser Bewegung vorhanden ist. Er ist es auch, der in der „Börsenzeitung" die Sache vertritt. Ich will hier, da er es wünscht — denn er hat sich beklagt, daß ich ihn jüngst einen Redacteur der „Börsenzeitung" genannt habe, indem er unterschieden wissen will zwischen einem Mitarbeiter und einem Redacteur — diese Unterscheidung ihm zu Theil werden lassen; aber genug, das Blatt, das thatsächlich täglich auf der Bresche ist, ist die „Börsenzeitung", und diese wird von demselben Herrn ausschließlich bedient, der auch in Broschüren und in anderen Formen der Thätigkeit die Doppelwährung vertritt, und zwar mit solchem Geschick, daß er sogar einige angesehene Professoren der Nationalökonomie, die zum Theil früher seine Lehrer waren, zu sich herüber gezogen hat. Meine Herren, wenn ich das jetzt anführe, so geschieht es hauptsächlich, um Ihnen zu erklären, aus welchem Grunde meiner Meinung nach noch im letzten Augenblick unserer Session die Herren auf jener Seite des Hauses das Bedürfniß gefühlt haben, hier die Sache zur Erörterung zu bringen. Ich glaube nämlich, daß das wesentlich zusammenhängt mit Vorgängen außerhalb dieser Räume und sogar außerhalb Deutschlands. Von dem Herrn Abgeordneten Leuschner, als einem altüberzeugten Bimetallisten, nehme ich allerdings an, daß er ganz aus eigenem Antrieb hier eingegriffen hat; aber er steht doch unter dem Eindruck der Pression von außen, die ausgeübt wird, damit der Deutsche Reichstag sich mit dieser Sache beschäftige. Daß Herr Leuschner proprio motu für die Sache eintritt und ganz unabhängig, davon bin ich um so mehr überzeugt, als ich weiß, daß er Bergmann ist, und mir bekannt ist, ohne Scherz, daß die meisten Bergleute eine Art poetische Vorliebe für das Silber haben. Ich selbst zähle unter meine nächsten Freunde einen ausgezeichneten Bergmann, mit dem ich längst aufgehört habe über die Währungsfrage zu sprechen, weil wir uns dabei in die Haare kamen. Dennoch behaupte ich, wir verdanken die heutige Debatte dem Umstand, daß am 12. April d. J. der Pariser Münzcongreß sich wieder versammelt, nachdem er Anfangs Juli sich auf diesen Termin vertagt hat.

Natürlich wird jetzt seitens der Herren, auf deren Anbringen der Congreß ins Leben trat, das Bedürfniß gefühlt, eine gewisse Stimmung für ihre Sache zu machen, und dazu gehört vor allem, daß vor dem Forum des Deutschen Reichstages der Gegenstand angeregt werde. Nun werden wir zwar in keiner Weise hier eine Entscheidung treffen; aber ich bin doch überzeugt, wie auch die Discussion hier verlaufe, es wird morgen in der „Börsenzeitung" stehen, es wäre allgemein durchgedrungen, daß Deutschland zur

Doppelwährung übergehen muß, und was morgen in der „Börsen=
zeitung" und einigen verwandten Organen gestanden hat, wird dem
nächst in den Französischen und acht Tage später in den Ameri=
kanischen bimetallistischen Zeitungen stehen. Und wenn die Sache
dann so weit gereift ist, — man ist ja heute in der Kunst, öffentlich
Meinung zu machen, ziemlich weit voran, —

(hört! hört! rechts)

wenn die Sache so weit gereift ist, dann wird, wenn am 12. April
dieser Pariser Münzcongreß sich neu versammelt, der große Vor=
kämpfer der Bimetallisten Herr Cernuschi sagen, wie in allen Zei=
tungen zu lesen stände, hätte auch der Deutsche Reichstag in seiner
großen Mehrheit sich für die Doppelwährung und den Anschluß
Deutschlands an eine Münzconvention erklärt. Ich glaube, das ist
wesentlich der Grund, warum ich auch heute in der traurigen Lage
bin, Sie noch mit der Materie behelligen zu müssen. Ich gehe sogar
so weit, rückblickend zu behaupten, der letzte Pariser Münzcongreß wäre
gar nicht zu Stande gekommen, wenn nicht durch einen gewissen Zu=
sammenhang zwischen unseren Deutschen Vorkämpfern dieser Meinung
und den auswärtigen, namentlich den Französischen, erst der Irrthum
erzeugt worden wäre, Deutschland werde jetzt sich einer bimetallistischen
Convention anschließen, die Deutsche Regierung sei unter dem Druck
der Stimmung im Deutschen Reichstag und der Deutschen Nation
geneigt, darauf einzugehen. Im Jahre 1878 hatte ja bekanntlich
ein solcher erster Münzcongreß stattgefunden, den Deutschland nicht
beschickte, weil es sich nach der damaligen Stellung zur Sache da=
rüber klar war, es sei nutzlos, sich über die Frage der Münzcon=
vention zu unterhalten. Als nun hier in gewissen Dingen eine
andere Strömung eingetreten war, als Dank der großen Thätig=
keit des viel genannten Deutschen Vorkämpfers der Frage mehr
Stimmung gemacht zu sein schien, war vermuthlich der in Frank=
reich die Sache führende Herr Cernuschi in den Glauben versetzt
worden, wenn jetzt wieder der Congreß zusammenkäme, würde Deut=
schland erscheinen — und darin hat er sich nicht geirrt —, und wäre
es einmal auf dieser Münzconferenz, so würde man es auch in die
bimetallistische Convention hineinbringen. Es hat auch bei ihm
eine große Enttäuschung erregt, als schließlich die Vertreter des

Deutschen Reiches doch nicht so reif für diesen Abschluß erschienen, und die Enttäuschung hat sich in einer scharf ablehnenden Haltung gegen vermittelnde Vorschläge kenntlich gemacht. Das müssen Sie wissen, meine Herren, um zu verstehen, daß wir heute recht vorsichtig sein müssen in unserer Haltung, nicht bloß, damit man dem Ausland gegenüber nicht zu falschen Deutungen der öffentlichen Meinung über die Stimmung des Deutschen Reichstages komme, sondern damit wir auch unserer Reichsregierung, die auf dieser Münzconferenz vielleicht wieder erscheinen wird, nicht vorgreifen, vielmehr wie das vorige Mal ihr die Führung der Sache überlassen, die, wie ich hinzusetzen will, soweit das bei sonst verschiedenen Grundanschauungen möglich ist, meiner Ansicht und der Ansicht nach aller derer, die mit mir derselben Meinung sind, ganz correct auf dem vorigen Pariser Kongreß verfahren ist.

Kommen wir nun zu den Zahlen des Herrn Leuschner! Er sagt, in Deutschland habe im letzten Jahre gegenüber den vorangegangenen Jahren die Goldprägung abgenommen. Das ist allerdings ganz richtig, aber was es beweisen soll, das ist eine andere Frage. Wir haben im Jahre 1879 unsere Silberverkäufe eingestellt, wir haben damit gesagt, daß wir provisorisch nicht die Umwandlung des noch vorhandenen Thalervorraths in Gold vornehmen wollen, und was war einfacher also, als daß diejenigen Umsätze von Silber gegen Gold, die früher stattgefunden hatten, nun aufhörten, nachdem die Regierung eben beschlossen hatte, kein Silber mehr zu verkaufen, und folglich kein Gold mehr für den Erlös kaufen konnte? Das ist ja sehr einfach, und es würde auf alle Fälle um einige Jahre später eingetreten sein, wenn wir den Rest unserer Thaler noch verkauft hätten und überhaupt die Evolution, die nöthig war, um unser altes Silber in Gold umzusetzen, vollzogen gewesen wäre. Dann blieb es dem jeweiligen Bedürfniß des Geldmarktes anheimgestellt, entweder Gold an sich zu ziehen oder Gold abzustoßen, je nachdem Ebbe und Fluth, diese auch auf dem Geldmarkt ewig fortgehende Bewegung, es nöthig machte. Also die Thatsache, daß viel weniger Gold ausgeprägt worden ist als in den vorigen Jahren, erklärt sich ganz natürlich und beweist an und für sich gar nichts. Es könnte sogar Gold weggegangen sein, es könnte ein Minus entstanden sein, und es wäre damit auch nichts bewiesen, denn das Geld ist ja bekanntlich rund und da, um sich zu bewegen. Es kommt aber noch ein anderer Umstand erklärend hinzu, nämlich, daß an Stelle der Goldprägungen, die früher vorgenommen wurden, nunmehr bei der Deutschen Reichsbank und, wie ich glaube, ganz mit Recht, eine andere Procedur eingetreten ist. Wir beziehen nämlich das Gold, das nach Deutschland hereinkommt, jetzt sehr selten in Barrenform, namentlich nicht mehr, seitdem die großen Münzoperationen aufgehört haben; wir beziehen es einfach, wie die meisten Länder, in Form fremder Münzen, und nun hat früher, soviel ich weiß — ganz eingeweiht bin ich ja nicht —, die Praxis bei der Reichsbank geherrscht, daß sie diese Münzen einschmolz und zu Deutschen Reichsgoldmünzen ausprägte. Das ist in der letzten Zeit unterblieben, man hat die fremden Münzen in natura aufbewahrt, ganz mit Recht, weil man gefunden hat, daß, wenn man Material zur Wiederausfuhr von Gold brauchte, es nicht lohnt, die Kosten und kleinen Verluste zu tragen, die mit der Einschmelzung und Ausprägung verbunden sind, sondern daß man besser thut, die eingeführten fremden Münzen wieder auszuführen. Der Herr Abgeordnete Leuschner hat ganz richtig gesagt, daß 28 Millionen solcher fremden Goldmünzen von der Deutschen Reichsbank in den ersten zehn Monaten des Jahres 1881 eingekauft worden sind; also wir können annehmen, daß in den zwei folgenden Monaten vielleicht noch 3 bis 4 Millionen hinzugekommen sind, genug, daß über 30 Millionen Gold ins Land gekommen ist durch die Fürsorge der Deutschen Reichsbank. Nun müssen Sie damit in Verbindung bringen, meine Herren, daß ausnahmsweise unter den Gold führenden Ländern Deutschland, soviel wir constatiren können, bedeutende Quantitäten von Gold in dem Jahre 1881 nicht abgegeben hat. Es ist ja bekannt, daß, wie man sagt, ein „Drain", ein Abzug von Gold namentlich nach Amerika in sehr hohem Maße stattgefunden hat im Laufe des Jahres. Daß aber Deutschland nicht dabei betheiligt war, steht erstens statistisch fest, steht ferner fest nach den Beobachtungen der Handelswelt und steht endlich fest nach einem ganz untrüglichen Beweismerkmale, nämlich aus den Wechselcoursen. Die Wechselcourse haben, abgesehen von wenigen Tagen, nie den sogenannten Goldpunkt überschritten, das heißt denjenigen Punkt, bei dem der Kaufmann einen Vortheil darin findet, wenn er einheimisches Gold hinausführt. Und wahrlich, meine Herren, es ist kein schlechtes Symptom für unsere Zustände, wenn im Laufe des letzten in dieser Beziehung sehr bedeutsamen Jahres Deutschland nicht bloß kein Gold ausgeführt, sondern noch Gold eingeführt hat.

Herr Leuschner hat dann als zweites Gravamen gegen die dermalige Lage den oft besprochenen Punkt der Verluste, die das Deutsche Reiche bei Einführung der Goldwährung erlitten habe, in Angriff genommen. Er hat bestritten, daß derselbe sich nur auf 40 Millionen bezifferte resp. auf 20, — die Frage, ob es 20 oder 40 sind, ist ja ein besonderer Nebenpunkt, über den will ich heute gar nicht streiten, ich gebe ihn momentan willig preis; — er hat nämlich bestritten, daß die angeblichen praeter propter 40 Millionen — ich nenne heute nur ganz runde Zahlen — daß diese 40 Millionen wirklich der einzige Verlust seien, er behauptet, die Ziffer sei viel höher. Nun muß ich ihn wegen dieser Controverse zunächst an die Reichsregierung verweisen, die ja unsere Münzdenkschriften aufstellt, und deren Berechnung wir mit der erwähnten Ziffer folgen. Ferner will ich Ihnen aber noch folgendes zu bedenken geben. Es ist in Anregung gebracht von den Anhängern der Doppelwährung, daß, wenn man zu letzterer, welche für mich eine Silberwährung ist, zurückkehrt, die nothwendige Consequenz wäre, daß unser gegenwärtiges Reichssilber, welches 10 Procent niedriger ausgeprägt ist als die alte Thalerwährung, auf das vollwerthige Verhältniß von 1 : 15,5 fein gebracht werden müßte, daß man also die jetzigen Münzen einschmelzen und schwerer prägen müßte, wogegen ja, einmal das Princip zugegeben, nichts einzuwenden wäre. Aber diese Umänderung würde auch 37 Millionen kosten, und nach meiner Ansicht wären diese 37 Millionen rein weggeworfen, denn es leisten die beiläufig 430 Millionen, künftig vielleicht 500 Millionen Reichssilbermünzen ganz genau dieselben Dienste in ihrem gegenwärtigen Werthgehalt, den sie bei vollerem Gehalt leisten würden.

Endlich, meine Herren, haben wir uns gerade in der letzteren Zeit mit einer Ausgabe beschäftigt, die, man mag sie richtig oder unrichtig nennen, uns, glaube ich, den großen Dienst geleistet hat, zu zeigen, welchen Maßstab man an diese Dinge legen muß. Die Herren haben vor wenigen Tagen für die Umgestaltung von Hamburg 40 Millionen auf Reichskosten bewilligt, und es werden demnächst für den Zollanschluß von Bremen auch vielleicht 15 bis 20 Millionen bewilligt werden, und es ist des weiteren eingestanden worden von allen Seiten, daß die beiden Hansestädte gering genommen auch 60 oder 70, ja 80 Millionen Mark ausgeben müssen. Nun will ich den alten Streit heut nicht wieder aufnehmen, aber, das werden Sie gewiß zugestehen, daß die Einführung einer guten Währung, eines unantastbaren Geldsystems für eine Nation wie Deutschland wenigstens so viel werth ist wie eine neue Freihafenordnung; darüber kann gewiß kein Streit sein, und ich glaube, wir können getrost, was auch die Münzreform noch kosten möge, es auf uns nehmen mit der Ueberzeugung, daß wir Deutschland einen Dienst mit dieser geleistet haben, der unendlich mehr werth ist, als die verursachten Kosten.

Ich habe in einer früheren Verhandlung schon das Vergnügen gehabt, Ihnen zu erzählen, was zu anderer Zeit England seine Münzreform gekostet hat, und habe Ihnen auch Ziffern dafür angeführt, in welchem Maße Italien durch die Verschlechterung seiner Währung nach seinem eigenen Budget in den letzten Jahrzehnten gelitten hat, und im Vergleich mit dem, wenn man überhaupt hier von Zahlen sprechen will, fällt die Herstellung eines Münzsystems, wie es jetzt Deutschland beinahe besitzt und hoffentlich dereinst ganz besitzen wird, nicht ins Gewicht. Ziffermäßig kann man so etwas so wenig berechnen, wie die Vortheile des Friedens gegen den Krieg oder der Gesundheit gegen die Krankheit; das läßt sich nicht in Zahlen fassen, und so viel kann ich ohne Uebertreibung sagen! selbst wenn statt 40 Millionen dereinst 100 Millionen geopfert werden sollten, wäre dieses Opfer gegenüber den Vortheilen sicher nicht zu groß. Legen wir einmal den Maßstab der Silberentwerthung nach dem heutigen Preis zu Grunde! Ueber den Betrag des noch zu verkaufenden Silbers braucht man dermalen nicht wie früher zu streiten, vielmehr wird auch jeder Gegner mit mir darüber einig sein, daß, wenn wir noch einmal für 300 Millionen Mark verkauft hätten, so würde vollständig aufgeräumt sein mit dem Theil der alten Thaler, die uns noch schwer im Magen liegen, wir würden uns dann rühmen können, unsere Reichsgoldwährung programmmäßig in der Hauptsache durchgeführt zu haben. Wir können ja nicht voraussehen, wie die Preise in Zukunft sich gestalten werden; wie heute das Silber gegen das Gold steht, würden wir auf diese 300 Millionen Thaler vielleicht 30—40 Millionen verlieren, wenn man das verlieren nennen kann. Nun sagen die Herren aber: es war überhaupt ein Fehler, daß wir nicht zur Doppelwährung übergegangen sind, sondern zur Goldwährung — und hier zeigt sich allerdings eine sehr merkwürdige Erscheinung, meiner Ansicht nach einzig in ihrer Art. Sie sagen: es ist gar keine Frage, daß man in den Jahren 1871, 1872, 1873 zur Goldwährung übergehen mußte; ich glaube, alle meine geehrten Herren Antagonisten, wie sie hier im Reichstage sind, und auch von jenen gegnerischen Schriftstellern außerhalb des Reichstages werden die meisten keine andere Stellung zur Sache einnehmen, als daß sie sagen: es war nicht anders möglich, Deutschland konnte im Jahre 1873 gar nichts anderes thun, als die reine Goldwährung einführen; hätte es das nicht gethan, so wäre Frankreich ihm zuvorgekommen und hätte es in die Silberwährung hineingedrängt und dadurch in die schlimmste Lage versetzt, in die es versetzt werden konnte. Meine Herren, ist es nicht eine eigenthümliche Erscheinung, daß das, was in einer gegebenen Zeit so unvermeidlich richtig gewesen ist, im Verlaufe weniger Jahre zu einem großen Fehler geworden sein soll? Ich muß sagen, in der Phänomenologie der menschlichen Handlungen ist mir derartiges noch nicht vorgekommen; ich würde zehnmal untersuchen, ehe ich zugebe, daß ein Irrthum so nothwendig gewesen ist, daß ihn alle Menschen für das Richtige ansahen; und ich glaube, es ist auch durchaus kein Irrthum gewesen, im Gegentheil, es täuschen sich diejenigen, welche glauben, daß die Sache jetzt falsch sei, und hier kommt nun das in's Spiel, daß man hinzusetzt, diejenigen, die damals die Goldwährung eingeführt haben, hätten die kommende Wendung der Dinge nicht vorausgesehen. Das ist nun einer der merkwürdigsten Vorwürfe, die man in diesem Falle machen kann; denn niemand hat bessere Beweise für seine Voraussicht geliefert, als diejenigen, welche darauf hindrängten, Deutschland mit seinem Währungssystem durch die Einführung der Goldwährung in Sicherheit zu bringen, ehe der heillose Zustand hereinbrach, der nun andere Nationen in diesen Dingen ergriffen hat, und an dem wir noch partiell leiden, weil wir — leider Gottes — die Sache nicht so energisch durchgeführt haben, wie es die Vertheidiger der Goldwährung wollten; diese haben jetzt die Satisfaction, daß die zu vermeidenden Gefahren noch viel stärker hereinbrachen, als sie selbst es sich vorgestellt hatten. Meine Herren, das habe ich schon früher gesagt, das gebe ich gerne zu: die Entwerthung des Silbers, wie sie eingetreten ist, die Verlegenheiten für andere Länder, wie sie eingetreten sind, haben wir in diesem Maße für so nahe Zeit nicht vorausgesehen, sie haben in dieser Weise nicht mitbestimmend bei uns gewirkt; aber daß sie gekommen sind, hat unserer Voraussicht im ganzen nur zur Ehre gereicht; denn wir sagten erstens, daß jede Doppelwährung die Gefahr verderblicher Schwankungen grundsätzlich in sich trage, und zweitens, daß der ganze Zug der Weltentwicklung zur Goldwährung hindränge; es könne ein so starkes Schwanken in den Werthverhältnissen beider Metalle eintreten, daß man nicht früh genug in Sicherheit kommen könne, und wenn wir den Sturm nicht in seiner ganzen Gewalt vorausgesehen haben, so war es, weil überhaupt derartige Erscheinungen quantitativ sich nicht voraussehen lassen. Speciell von mir kann ich das doch wahrlich schwarz auf weiß hinreichend beweisen. Es hat mich jüngst arg befremdet, daß ein so wohlwollender Herr wie unser verehrter Collage von Kleist-Retzow sagte, indem er mich citirte, ich hätte Beweise gegeben von meinem Mangel an Urtheil in solchen wirthschaftlichen Dingen, indem ich nicht geahnt hätte, wie es mit unserer Währung gehen würde. Ja, genau das Gegentheil von dem ist doch richtig: seitdem wir die Goldwährung eingeführt haben, war ich hier immer auf der Bresche, hier und wo ich mit der Feder in der Hand auftrat, um darauf hinzuweisen, daß man diesen schwierigen Uebergang nur dann gut mache, wenn man ihn möglichst rasch mache. Jahr um Jahr beinahe haben ich und ein paar Meinungsgenossen hier im Hause dazu gedrängt. Eine Zeit lang ist es auch gut gegangen, dann trat ein Umschlag ein, und diesen Umschlag, den ich aufs tiefste beklage, haben wir wahrlich nicht verschuldet. Nun sagt allerdings der geehrte Herr College Leuschner: die Macht der Thatsachen hat uns verhindert, die Deutsche Münzreform durchzuführen. Ich möchte doch einmal in Ziffern — der geehrte Herr hat uns ja so viel Ziffern gegeben — diese Macht der Thatsachen definirt haben. Worin soll denn diese Macht der Thatsachen bestehen? Wie ich Ihnen eben erwähnt habe, ist hier für Irrthümer kein Raum mehr; denn wenn wir noch 200 bis 300 Millionen Mark an alten Thalern abgestoßen haben, bewegen wir uns in der vollen Goldwährung, und das deducirt sich ganz einfach daraus, daß unser Bankschatz, wie ich hier schon oft erwähnt habe, heute noch nicht mit Gold vollständig ausgefüllt ist. Wie hoch sein Goldbestand, wie hoch sein Silberbestand ist, das wissen wir ja officiell nicht, und darin findet der College Leuschner in mir einen ganz eng Verbündeten, daß auch ich den Wunsch theile, den ich oft genug vorgebracht habe, wir möchten doch mit diesen Dingen nicht Versteckens spielen, sondern es machen wie andere Nationen, die regelmäßig veröffentlichen, wieviel Gold und Silber in der Bank liegt, weil der, der es nicht weiß, die Sache sich meistens ungünstiger vorgestellt, als sie wirklich ist. Genug aber, wir sind hier auf Schätzungen angewiesen, und wenn der Baarschatz der Bank, der zwischen 500 bis 600 Millionen grosso modo schwankt, zur Hälfte aus Silber besteht, das wäre doch hoch gerechnet; ich will damit keinen Alarm in die Welt hinauswerfen; also nehmen wir an, es liegen für 300 Millionen Mark Silber in der Bank, und wir wollten es ganz aufräumen; ist denn das ein so herkulisches Unternehmen? Ich weiß wohl, leider hat der Herr Bankpräsident v. Dechend im Jahre 1879 hier gesagt, es sei nicht möglich, Silber zu verkaufen. Dazu kann wirklich derjenige, der die Ziffern kennt und der die Bewegung des Metallmarktes kennt, nur lächeln. Meine Herren, bedenken Sie doch, die jährliche Silberproduction bewegt sich um 400 Millionen Mark; die werden doch nicht eingepfeffert und eingesalzen, die werden doch irgendwo verwerthet, und abgesehen von den 24 Millionen Dollars, die die amerikanische Regierung in Gemäßheit der Blandbill jährlich contre coeur zu prägen gezwungen ist, abgesehen von diesen 24 Millionen Dollars, also beiläufig 100 Millionen Mark, müssen die 300 anderen Millionen verkauft werden, und die Bewegung auf dem Weltmarkt zeigt uns, daß das ganz gut geschieht. Wir sehen, daß die Ausfuhr aus England nach Asien zwischen 7, 8 und 10 Millionen Pfund Sterling pro Jahr, unter Umständen noch mehr, variirt, das sind auch circa 150 Millionen. Ja, meine Herren, selbst ein Land wie Oesterreich, das so kleine Metallbedürfnisse hat, weil es wesentlich auf der Papierwährung steht, hat im letzten Jahre noch für 25 Millionen Mark Silber eingeführt. Was wäre für uns leichter, als bei diesem Umfang des Marktes 40 Millionen im Jahre abzusetzen! und wenn wir das seit 1879 zu thun fortgefahren hätten, wie wir es früher gethan haben, so wären wir jetzt schon bei der Hälfte unseres silbernen Bankschatzes angekommen und wären über die größte Schwierigkeit hinaus. Also keine Uebertreibung! Freilich, das ist wahr, leider hat der Herr Bankpräsident damals, als er die Einstellung der Silberverkäufe hier befürwortete, am Schluß seiner Rede etwas zu weihevoll ausgerufen: meine Herren, das Ausland wird Sie segnen, wenn Sie aufhören, Silber zu verkaufen! Nun das Ausland hat uns gesegnet, das ist wahr, denn während wir Gewehr im Arm standen, haben andere Nationen Silber verkauft, daß es eine Lust war, und jetzt hat das Ausland nur noch einen Wunsch: es möchte uns noch mehr segnen, wenn wir uns der bimetallistischen Convention anschlössen, unser Gold abgäben und Silber annähmen; und deshalb wünscht man, daß die Deutsche Reichsregierung mit einer recht günstigen Stimmung auf dem Pariser Congreß demnächst wieder erscheine. Aber in Wirklichkeit ist nichts weniger wahr, als daß wir Schwierigkeiten hätten, unsere Münzreform durchzuführen. Ganz im Gegensatz zu dieser meiner Anschauung hat allerdings der geehrte Herr College Leuschner gesagt, unsere Goldwährung stünde bloß auf dem Papier, sie wäre lediglich ein Schein. Geehrter Herr College, da haben Sie ein großes Wort gelassen ausgesprochen! denn ich möchte einmal wissen, was die Welt machen würde, wenn sie Ihrer Meinung wäre. Verehrter Herr, unser ganzer Handel und Verkehr, unsere ganze Stellung in der Welt, der Ehre, dem Credit, dem Umsatz der Production und dem Absatz nach beruht auf der factischen Goldwährung, die wir haben, und ohne die wir uns in der Welt nicht könnten sehen lassen! Was glauben Sie denn, was ein Wechsel in Paris auf Berlin werth wäre, wenn wir nicht die Goldwährung hätten? Glauben Sie, daß man Ihnen dort 123 Franken für einen Hundertmarkschein geben würde, wenn das nicht wäre? Man würde nur 100 Mark dafür geben, und ich begreife wirklich nicht — ach, mein Gott, was begreift man alles in der Hitze der Discussion nicht, ich gehe vielleicht zu weit — aber ich sage, es ist mir schwer verständlich, daß ein Herr, der im praktischen Leben steht, und der weiß, was das praktische Leben braucht, daß der hier vor dem Forum der Deutschen Nation, vor der ganzen Welt, die bis nach China und bis nach Japan hinein mit unserer Goldwährung rechnet, ausspricht: diese unsere Goldwährung wäre nur Schein und stände nur auf dem Papier. Ja, meine Herren, fragen Sie doch den Deutschen Bankpräsidenten, ob er das auch glaubt, ob er nicht seine ganze Aufmerksamkeit und seine ganze Leitung der Geschäfte darauf richtet, daß wir Goldwährung haben, d. h. daß wir alle Zeit in der Lage seien, unsere Schulden in Gold zu bezahlen! Fragen Sie doch die Deutsche Regierung, ob sie einen Moment möchte Zweifel aufkommen lassen, daß wir Goldwährung haben, und daß jede Mark, die wir dem Ausland schulden, in Gold bezahlt wird, so lange das Deutsche Reich nur irgendwie einen Athemzug im Leibe hat! Nein, jene andere Behauptung enthält gerade genau das Gegentheil von dem, was Wahrheit ist. Wir haben noch nicht die Goldwährung in dem Maße durchgeführt, daß in unserer Bank durchaus nur Gold liegt, um bei einem Andrängen jede Banknote in Gold einzulösen. Aber, meine Herren, die Praxis der Länder beruhigt sich einstweilen bei dem status quo. Ich bin sicher nicht dafür, daß man hier leichten Herzens handle, und darum habe ich ja immer darauf bestanden, daß man auch den Rest Silber noch in Gold umwandle; aber daraus solchen Alarm zu schlagen, das widerspricht der Praxis des Bank-, Handels- und Geldverkehrs. In der ganzen Welt, meine Herren, ist im internationalen Verkehr Gold heute die alleinige Währung. Es wird in Gold gerechnet und bezahlt, die Nationen tauschen untereinander aus nur nach

Goldpreisen, wenigstens in Europa und zwischen Europa und Amerika, und von den Ländern, die ihren Wechselcours auf der Höhe der Goldparität erhalten haben, gilt es auch als ausgemacht, daß sie im Stande sind, diese ihre Verpflichtungen in der gegebenen Weise zu erfüllen, wenn schon in ihren Bankkellern nicht der ganze Vorrath der Noten in Gold vorhanden ist; weil man ja überhaupt die Möglichkeit, daß es nothwendig wäre, die untersten Schichten des Baarschatzes zur Einlösung der Noten anzugreifen, nur als eine äußerst entfernte betrachtet. Wie gesagt, ich bitte, nicht meine Worte in dem Sinne falsch auszulegen — und man muß ja eben wegen der Gefahr, nach außen hin mißdeutet zu werden, doppelt vorsichtig sein — als wäre es ruhig hinzunehmen, daß unser Bankschatz zum Theil noch mit Silber gefüllt ist; aber es steht durchaus nicht im Widerspruch mit der heutigen Bankpraxis, daß die Metallunterlage noch aus Gold und Silber gemischt ist, und selbst die Englische Bank, die bei der dortigen Goldwährung doch gewiß Grund hätte, hier sehr vorsichtig zu sein, hat nach ihrem Statut das Recht, ein Viertel ihres Vorraths in Silber zu halten, eine Ermächtigung, deren Benützung in letzter Zeit wieder stark angeregt worden ist. Also nur keinen Alarm, und keine falschen Darstellungen in Sachen der thatsächlichen Verhältnisse, an denen der ganze Weltverkehr und insbesondere unser Creditsystem im höchsten Grade interessirt sind.

Ist denn überhaupt unser Geldsystem in seiner heutigen Gestalt, mit früheren Zuständen verglichen, dagegen ein unsolides? Ich glaube das Umgekehrte. Zu dem wohl 1400 bis 1500 Millionen betragenden Goldumlauf haben wir, von der Scheidemünze abgesehen, für welche die Einlösungspflicht immer in der Hauptsache fictiv bleibt, 4 bis 500 Millionen Silbercourant, die etwa 15 pCt. weniger werth sind als ihre nominale Geltung. So mangelhaft das sein mag für die Leitung der Bankgeschäfte, eine schwere Bedrohung unserer Solidität bildet es nicht. Dazu kommen nun 150 Millionen in Reichskassenscheinen und höchstens 300 Millionen in ungedeckten Banknoten. Ja, meine Herren, das sind Zustände, die keineswegs unsolide genannt werden können. Unser Goldvorrath repräsentirt allerdings pro Kopf nicht die höchste Ziffer unter den verschiedenen Ländern der Welt, nicht die hohe Ziffer, die nach allgemeinen Schätzungen Frankreich und England aufzuweisen haben, Frankreich über 100 Mark pro Kopf und England über 70 Mark pro Kopf, Deutschland dagegen mit 32 Mark pro Kopf steht darin entweder gleich mit den anderen Nationen oder ihnen doch sehr nahe; Amerika hatte im vorigen Jahre nur 31 Mark pro Kopf und wird in diesem Jahre etwas mehr pro Kopf haben, da es ja eine bedeutende Zufuhr an Gold aufgenommen hat.

Nun wird von diesen speciell Deutschen Zuständen übergegangen auf die allgemeinen Zustände, indem man sagt, es herrsche überhaupt Goldnoth in der Welt, und dieser Noth müsse gesteuert werden. Herr Leuschner hat uns Ziffern vorgeführt über die Abnahme der Goldproduction gegen frühere Zeiten. Es ist dies die einzige Stelle, wo er mir eine kleine Berichtigung hat zu Theil werden lassen, mit der ich nicht einverstanden bin. Er sagt, ich hätte die höchste Ziffer der Goldproduction pro Jahr früher einmal angegeben auf 500 Millionen Mark, es sei aber erwiesenermaßen im Anfang der fünfziger Jahre, als die Californischen und Australischen Goldfelder entdeckt wurden, die Goldproduction auf 700 Millionen Mark gestiegen. Ich hatte noch keine Zeit, meine damaligen Aeußerungen nachzusehen, aber vermuthlich kommt die Differenz daher, daß ich die Durchschnittszahl aus mehreren Jahren und nicht die Ziffer aus einem einzelnen Jahr bezeichnen wollte. Ich pflege gewöhnlich einen fünfjährigen Durchschnitt anzunehmen, und dieser Durchschnitt betrug für die Jahre von 1856 bis 1860 574 Millionen als Maximum, und wenn wir die heutige Ziffer von etwa 100 Millionen weniger ansehen — ist das etwas so Bedenkliches, wenn wir nicht auf der allerhöchsten Höhe der Goldproduction stehen geblieben sind, wie sie in einer einzigen Epoche sich gestaltet hatte zu der Zeit, als die großen Anschwemmungen in Californien und Australien — ein Vorkommniß einziger Art in der industriellen Geschichte der Welt — gleichzeitig entdeckt und ausgebeutet wurden? Warum sollen denn diese einmaligen hohen Ziffern den Maßstab liefern für das, was die Welt regelmäßig bedarf? Wer will überhaupt die Formel angeben für die Höhe dieses Bedürfnisses? Ich habe bis jetzt noch kaum eine Maxime darüber aufstellen hören. Man hat höchstens die Maß=

stäbe der vorhandenen Circulationsmittel der verschiedenen Länder als das thatsächlich Gegebene; einen Maßstab dessen, was an Zuwachs erfordert wird, kann man unmöglich a priori feststellen. Und am wenigsten können wir sagen, es müsse auch der Bedarf an jährlichem Zuwachs unbefriedigt bleiben, weil nicht mehr die allerhöchste Ziffer einer um 30 Jahre zurückliegenden Epoche an Gold producirt werde. Wir würden also rein in der Hand des Zufalls sein, und wenn einmal in einem Jahr 2 Milliarden Gold entdeckt würden, müßte daraus geschlossen werden, daß von nun an der jährliche Bedarf auf 2 Milliarden anzuschlagen sei.

Dann ist noch ein anderer Zeuge gekommen, um den Herren zu helfen, die um jeden Preis die Formel brauchen: Die Welt steckt in Goldnoth oder ist doch von einer solchen bedroht. Es veröffentlichte vor einigen Jahren ein ausgezeichneter Geologe, Herr Professor Süß in Wien, ein Werk, das viel Aufsehen erregte; ich selbst war einer derjenigen, der mit am ersten sich eingehend durch eine öffentliche Besprechung mit dem Buch befaßte. Er sucht aus der bisherigen Geschichte der Goldförderung zu beweisen, daß wir nicht sicher sind, ob nicht in etlichen 100 Jahren die Goldproduktion geringer sein werde, als jetzt. Selbst wenn diese Deductionen den Eindruck machen könnten, daß wir die vorausgesagte Thatsache als eine wahrscheinliche in den Gesichtskreis unserer Betrachtung zu ziehen hätten, was würden wir damit anfangen können? Was soll heute geschehen, weil dieser gelehrte Geologe aus der Combination der Erscheinungen im Erdreich bewiesen zu haben glaubt, es würde dereinst kein Schwemmgold mehr entdeckt werden, es werde die Goldförderung nach Jahrhunderten auf den regelmäßigen Bergbau im festen Gestein angewiesen sein? Wer sich darnach in der heutigen Münzpolitik richten wollte, hätte doch wahrlich keinen Anspruch, daß man ihm ernstlich Gehör schenke!

Nun liegen aber die thatsächlichen Voraussetzungen selbst nicht so, daß man — auch die Richtigkeit der Schlußfolgerungen zugegeben — den Berechnungen von Süß jene Bedeutung beimessen darf, welche Herr Leuschner und seine Meinungsgenossen ihnen zuschreiben. Ist denn die Welt in allen Theilen so durchforscht, daß man heute schon wissen kann, welche Goldlager, sei es im Gestein, sei es in Form von Anschwemmungen künftig gefunden werden mögen? Eben ist Australien erst so zu sagen angebrochen, ganz enorme Gebiete dieses neuesten Continents stehen noch ununtersucht, und einer unserer in diesem Fach gelehrtesten und in jenem Welttheil erfahrensten Landsleute, Professor Ullrich, dermalen in Neuseeland, hat noch kürzlich eine Arbeit veröffentlicht — ich will die betreffende Stelle hier nicht vorlesen, um nicht meine Rede zu verlängern —, worin er sagt, daß noch unabsehbare Entdeckungen von Goldanschwemmungen und Goldminen in allen Theilen von Australien, sowohl in Neu-Süd-Wales, Queensland als wie in Victoria und auch in Neu-Seeland zu erwarten seien. In den Vereinigten Staaten Nordamerikas sind an 1000 Bergwerke im Betrieb, in welchen Silber und Gold gefunden wird. Und was wissen wir von dem Afrikanischen Continent? Aber ich will mich auf diesen Streit nicht weiter einlassen und begnüge mich, zu sagen, daß jeder mit Vergnügen das hier angezogene Buch von Süß lesen wird, ohne jedoch für die heutige Münzpolitik praktische Schlüsse ziehen zu können. Der Herr Abgeordnete Leuschner hat, um uns einen Schreck einzujagen, hinzugesetzt, Rußland producire jetzt viel Gold, aber möglicherweise könne auch diese Production zurückgehen. Soviel ist wahr, es lieferte zuletzt 100 Millionen Mark im Jahre, ein großer Theil davon kommt zu uns, es sind im letzten Jahre 60 Millionen Mark nach Deutschland gekommen, wenn ich recht unterrichtet bin. Möglich ist es ja, daß diese Production wieder zurückgehe. Aber wenn ich mit solchen Möglichkeiten rechnen soll, dann kann ich mich ums Leben bringen, weil die Möglichkeit da ist, daß ich dereinst nichts zu essen habe. Das sind keine Factoren, mit denen der concrete Gesetzgeber rechnen kann.

Nachdem nun die Herren den ganzen orbis terrarum durchwandert haben, um zu zeigen, in welcher Zeit die Goldnoth eintreten müsse, kommen sie auf die Ziffer der gegenwärtigen Goldbewegung zwischen den einzelnen Ländern und suchen zu beweisen, daß auch hier Anlaß zur großen Beunruhigung gegeben sei. Dafür beruft man sich auf die einfache Thatsache, daß seit zwei Jahren — es ist jetzt das dritte Jahr — Amerika angefangen hat, nachdem es Gold in großen Massen hinausgeworfen, einen Theil wieder zurückzuziehen. Das soll uns den furchtbaren Schreck einjagen. Wie verhält es sich damit? Amerika, welches, wie ich schon andeutete, für den Welthandel wie für seinen inneren Verkehr thatsächlich mit Gold rechnet, trotzdem es dem Namen nach die gemischte Währung besitzt, hat in diesen letzten Jahren vermocht, die Canäle seines Verkehrs mit Gold zu speisen, und deswegen hat es eine Quantität von dem, was es im Laufe der Jahrzehnte an andere Länder abgegeben hatte, wieder unter dem Schutze eines großen Exports von Getreide aus Europa zurückgeholt, — es werden nicht 200 Millionen Dollars im Laufe der letzten Jahre nach Amerika zurückgeflossen sein. Ja, meine Herren, im Augenblick ebbt es schon wieder; im Jahre 1879 war die stärkste Rückfuhr nach Amerika, im Jahre 1880 nahm sie etwas ab, im Jahre 1881 hat sie abermals abgenommen, — nach den Zeitungsberichten sind die Ziffern im Jahre 1880/81 blos an Goldeinfuhr nach Amerika 54 Millionen Dollars gegen 69 Millionen im vorausgegangenen Jahre, und wir stehen dem einfachen Phänomen gegenüber, daß Amerika, gerade wie seinerzeit Deutschland, zur praktischen Einführung der Goldwährung nöthig hat, eine gewisse Quantität Gold an sich zu ziehen. Aber was bedeuten denn diese Ziffern, verglichen mit den enormen Vorräthen an Gold in der Welt, und verglichen mit der Bewegung, die früher in entgegengesetzter Richtung stattgefunden hat? Amerika hat in einem Jahrzehnt 1600 Millionen Mark in Edelmetall nach Europa geschickt, und nun sollen wir in Ohnmacht fallen, wenn es einen Theil davon wieder zurücknimmt!? England hat im Laufe von 23 Jahren 80 Millionen Pfund Sterling, 1600 Millionen Mark Ueberschuß an Gold gehabt, das heißt mehr ein- als ausgeführt. Frankreich hat nach Schätzungen, die ich nicht für unfehlbar erklären will, die aber übereinstimmend von verschiedenen Seiten aufgestellt werden, einen Goldschatz, der sich zwischen vier bis fünf Milliarden bewegt. Und der ganze Goldschatz der civilisirten Welt ohne Indien, China und Japan wird auf ungefähr 13 Milliarden Mark veranschlagt. Ich übernehme keine Garantie für die absolute Richtigkeit dieser Ziffer und möchte nicht für den Unterschied an mehr oder weniger aufzukommen haben; aber so weit wir mit Ziffern überhaupt hantiren können, haben die Forscher,

die sich dieser Materie widmen, herausgerechnet, daß man den
jetzigen Goldbestand der civilisirten Welt ungefähr auf 13 Milliarden
Mark berechnen muß. Nun, was will es denn sagen, wenn in dem
heutigen großen Weltverkehr ein paar Jahre lang aus leicht faß=
baren Gründen eine von der früheren Richtung abweichende Be=
wegung von ein paar hundert Millionen Platz greift? Muß man
denn gleich erklären, man müsse seine Münzverfassung deshalb
ändern? Was sollte aus den Nationen, was aus deren Münz=
verhältnissen und aus der Stabilität ihres Verkehrs werden, wenn
bei jeder solchen Erscheinung, beim Auftauchen oder Verschwinden
einer Mine sofort sie sich vor die Frage stellen sollten: müssen wir
nicht wieder unsere Währung ändern? Nein, meine Herren, so leicht
darf man sich in diesen Dingen nicht beeindrucken lassen. Es hängt
dieser Beunruhigung etwas von dem alten Aberglauben an, daß
Geld identisch sei mit Reichthum, daß der Kampf ums baare
Geld das einzige Interesse bilde, welches die ganze Handels=
und Weltbewegung ins Auge zu fassen habe. Diese mittelalterliche
Vorstellung hängt allen denen noch an, welche glauben, daß man
sich über diese Erscheinungen so sehr erschrecken müsse. Meine
Herren, man fragt nach ganz anderen Dingen, wenn man wissen
will, ob man an Geldnoth leidet oder nicht; man fragt vor allen
Dingen, ob es denn nöthig gewesen ist, die Vertheidigung seines
baaren Geldvorraths und im gegebenen Fall des Goldvorraths der
Nationalbanken auf den Kriegsfuß zu setzen? Auf den Kriegsfuß
zu setzen heißt nämlich: wenn die Banken, die die Hüter des
Mittelpunktes der Metallwährung im Lande sind, ihren Zinsfuß
heraufsetzen müssen, um ihre Währung zu vertheidigen. Nun
frage ich Sie: ist das geschehen? und wenn eine Erhöhung des
Zinsfußes stattgefunden hat, ist sie eingetreten, um die Währung,
um den Goldschatz zu vertheidigen? Nicht im geringsten! Der Zinsfuß
hat sich bei uns in ganz normalem Verhältniß bewegt, etwas über ein
Procent höher als in England; er hat sich ungefähr um $4^{3}/_{4}$ Procent
mit kleinen Schwankungen in den letzten Jahren hin und her bewegt,
und das ist wahrlich kein Zeichen von einem Mangel an Metall
für die Bedürfnisse des Handels und Verkehrs. Ja, meine Herren,
in dem Falle, wo der Zinsfuß im letzten Jahr einmal momentan

angespannt wurde, hat das mit der Währung absolut nichts zu thun gehabt, da waren es die Capitalbedürfnisse, die Börsenverhältnisse, die Börsenbedürfnisse, die den Zinsfuß hinauftrieben, und das hat sich sofort gezeigt, denn so wie die Börsenbedürfnisse wieder zusammenschrumpften, ist auch der Zinsfuß wieder zurückgegangen.

Wir haben zum ersten Mal mit Schluß des Jahres gerade die Erscheinung gehabt, die im Bankgesetz vorgesehen ist, daß die Bank das ihr zugemessene Maß von steuerfreien Noten überschritt. Es war, wenn ich nicht irre, am 31. December, daß die Bank 56 Millionen Mark Noten mehr ausgegeben hat als die ungefähr 270 Millionen Mark betragende Quote von steuerfreien Noten. Nun, meine Herren, was ist geschehen? Es war ganz einfach mit der Abwickelung vom Ende des Jahres, mit den bekannten ungeheuerlichen Börsenerscheinungen verbunden, die so sehr alle Creditverhältnisse in den Centren des Weltverkehrs anspannten, daß so viel Notenbedarf im Augenblick sich zeigte. In der folgenden Woche waren sofort die 56 Millionen Ueberausgabe verschwunden und hatten schon wieder einer Reserve von 31 Millionen Platz gemacht, und heute lesen wir, daß die Reserve der Bank auf 100 Millionen heraufgegangen ist.

Meine Herren, wenn in einem Jahre wie das letzte, von so großen Handels- und Börsenbewegungen, wo so viel Gold nach Amerika gegangen ist, die Reichsbank in so kritischen Momenten, in ihrer gewöhnlichen Gebahrung bleiben konnte, ihren Baarschatz nicht mit außergewöhnlichen Mitteln zu vertheidigen hatte, — wo ist dann der Anlaß, zu sagen, daß die Dinge bei uns dermalen so schlecht und prekär beschaffen seien? So wenig ich denen beipflichte, welche die jetzige Zusammensetzung unseres Bankschatzes als eine auf die Dauer richtige hinstellen, so sehr ich darauf dringen muß, mit dem Thalervorrath der Bank aufzuräumen, so wenig kann ich zugeben, daß die Bewegungen der letzten Jahre darunter factisch stark gelitten haben; die Bank denkt nicht daran, daß sie in Verlegenheit sein könnte, ihre Noten am offenen Schalter in Gold einzulösen, und darin hat sie Recht. Aber, sagt man — und das ist auch in dem Aufruf gesagt, der jetzt in die Welt geschickt wird, um in Deutschland die bimetallistische Bewegung durch die Bildung eines

Vereins in Fluß zu bringen, nachdem ein solcher Verein eben in England von einzelnen Personen zum selben Zweck hervorgerufen worden ist — man sagt: es handle sich um die künftige Goldnoth, es stehe uns Goldnoth erst bevor. Das ist nun wieder ein Gedanke, den ich absolut nicht in positive Thatsachen übersetzen kann. Was heißt das, man solle einer künftigen Goldnoth vorbeugen, wenn im Augenblicke keine Goldnoth vorhanden ist? Dann müßte man sich consequenter Weise die Sache so denken, daß ein gewisser Vorrath von Metall bei Seite gelegt werden müßte, um für den Fall, daß man es braucht, herangezogen zu werden. Wie denkt man sich das? Entweder haben wir jetzt nicht genug, dann würde die Noth jetzt schon da sein; oder wir haben genug: wo soll das Ueberflüssige hingeleitet werden? Es müßte doch sofort in den Verkehr herein; und dann hätten wir jetzt zu viel und abermals nicht genug, wenn wir einmal mehr brauchten. Zugleich für die Gegenwart und für die Zukunft zu sorgen, das hieße überhaupt die Geldbewegung für etwas ansehen, was man künstlich mit der Hand aus Vorräthen befriedigen kann, die je nach Bedürfniß zu verschwinden oder aufzutauchen hätten. Auf welche Weise, mit welchen Mitteln, ist mir ganz unersindlich. Nichts ist unbegreiflicher, nichts kann weniger eine Analyse des Gedankens vertragen, als diese Sage von der künftigen Goldnoth. Denn der künftigen Goldnoth könnten nur künftige Bedürfnisse gegenüber stehen, die noch nicht bekannt sind, und künftige Vorräthe, die wir im Augenblicke nicht haben dürften, denn sonst wären sie im Augenblicke zu viel. Niemand kann diese Dinge voraus wissen; und niemand kann im voraus die Anstalten treffen, um ihnen zu begegnen. Es läßt sich freilich alles das bildlich viel leichter hinstellen, als sachlich ergründen und definiren. Das glückliche Bild von der „kurzen Decke", das der Herr Reichskanzler, wie uns hier berichtet wurde, gebraucht haben soll, hat die Laien frappirt. Jeder kann sich auf die „kurze Decke" berufen. Das ist sehr schön, aber ob das richtig ist, ob das Bild von der Decke zutrifft, ob man sie mit mechanischen Einrichtungen nach Belieben ausdehnbar machen kann und machen soll, ob es nicht für die Sicherheit des Verkehrs gerade unentbehrlich ist, daß den Versuchungen der Ueberspeculation gegenüber auch zeitweise die Kürze der Decke empfunden werde, und endlich, ob, wenn sie zu kurz ist, wir gut thun, sie ganz fahren zu lassen, damit andere sie an sich ziehen und sich damit zudecken, das eine andere Frage.

Neben diesem Schreck der jetzigen oder künftigen Goldnoth wird dann noch die Klage darüber angestimmt, daß das Silber entwerthet worden sei. Ich will über die Sache selbst mit niemandem streiten, ob das ein Glück oder ein Unglück ist. Wer es gethan hat, das ist ja eine alte Controverse. Die Einen sagen, die Deutschen wären mit ihrer Münzreform daran schuld; die Andern sagen, der lateinische Münzbund sei daran schuld, weil er aufgehört hat, Silber zu prägen; die Dritten sagen, das Indische Budget sei daran schuld; die Vierten sagen, die Amerikanische Minenentdeckung sei daran schuld — und schließlich wird jeder zu einem Theil schuld daran sein, meiner Ansicht nach Deutschland am allerwenigsten. Ich glaube, es ist gekommen, wie es kommen mußte nach dem unvermeidlichen Lauf der Dinge, nach der unabsehbar complicirten Bewegung der Erscheinungen in dem gegenwärtigen Gange der Welt, die kein Mensch in der Hand hat und die kein Mensch beherrschen kann. Silber ist allerdings nicht mehr Weltgeld. Das ist die Wirkung einer Kraft, die unwiderstehlich ist, die sich immer mehr bei den civilisirten Nationen durchsetzen wird, und ob wir gefehlt hätten oder nicht gefehlt hätten, wird dabei zu einer müßigen Frage. So viel ist ja zugegeben, wenn wir es nicht gemacht hätten, so hätten es andere gemacht, und deswegen ist es ein Glück, daß wir unser Silber zum größeren Theil rechtzeitig los geworden sind.

Nun sagt aber der Herr Abgeordnete Leuschner: es ist noch ein besonderer Grund, daß wir die Doppelwährung bei uns einführen, weil wir Silber bei uns produciren. Verehrter Herr College, da haben Sie ein gefährliches Wort ausgesprochen; und wenn wir uns nicht zugesagt hätten, uns einander liebenswürdig zu behandeln, worin Sie ja mit gutem Beispiele vorangegangen sind, so würde ich Ihnen diesen Erwähnungsgrund gegenwärtig so beleuchten, daß Sie ihn gewiß zurückziehen würden. Denn zu behaupten, daß man ein Metall zur Währung machen müsse, weil man es producire, das ist wahrlich ein sehr riskirter Ausspruch.

Und was produciren wir an Silber? Ist es wirklich so enorm? Bei steigender Production haben wir im letzten Jahre, wenn ich nicht irre, für 27 Millionen Mark Silber producirt, und in diesen 27 Millionen steckt etwa noch ein Viertel fremden Silbers, bei dem es uns ganz gleichgiltig ist, zu welchem Preise es verkauft wird, denn wir beziehen es in Form von Erz von jenseits des Oceans und verarbeiten es in Deutschland, und wir bezahlen es nur in dem Verhältniß zum Marktpreis. Also wegen dieser etlichen 20 Millionen Silber, selbst wenn das ein Grund sein sollte, wenn es nicht ganz unannehmbar wäre, deswegen unsere Währungsverhältnisse umstürzen, das werden Sie auch nicht verlangen.

Nun sagt man aber, und das ist des Pudels Kern, man könne sich und der Welt den großen Dienst leisten, daß man diesem Silber wieder zu seinem alten Werthe und Preise verhelfe, daß man es rehabilitire, wie man das nennt. Ja, meine Herren, das ist eben der alte ewige Streit, der schon so lange praktisch existirt, wie es überhaupt in der Welt Geld giebt. Das haben von jeher die Fürsten geglaubt, die Staatsmänner geglaubt, welche die Münzen um gewisse Procente leichter machten, wenn sie Geld brauchten, indem sie den Münzen die alten Namen ließen, weil sie meinten, man brauche nur Gesetze zu machen, um die Münzen mit einem vorgeschriebenen Werth in Umlauf zu setzen, denn nur auf dem Gesetze beruhe der Werth des Geldes, — wenn das Gesetz spricht, so wird sich jeder dem beugen. Es ist aber eine alte Erfahrung der Münz- und Währungspolitiker, daß der Mensch keine Macht hat in diesen Dingen, daß nichts so unwiderstehlich ist, nichts so wenig Auflehnung gegen seine Herrschaft verträgt, wie eben der Werth des Geldes. Das ist des Pudels Kern, das ist der Streit mit diesen Herren, daß sie eben glauben, daß man nur zu decretiren brauche, das Silber, obwohl es 10 bis 15 Procent weniger werth ist, soll in Zukunft wieder den alten Werth haben. Dieser alte Streit spukt in den Köpfen, und ich könnte Ihnen hierselbst aus den Verhandlungen des Reichstags Citate bringen, aus denen ganz klar hervorgeht, daß auch hier noch zum Theil der Irrthum herrscht über diese Grundnatur des Geldes, dergemäß es in Wahrheit nichts ist als ein Ding, das seinen Werth allein in sich hat, und dem der Stempel des Gesetzes nur die Urkunde aufdrückt, daß es das enthält, was es enthalten soll. Das zu übersehen ist ein sehr populärer Irrthum, aber leider Gottes geht hier der Kreis der Popularität sehr weit. Ich will Ihnen ein hübsches Zeugniß dafür geben, wie diese Ansicht noch heutzutage so naiv vorgetragen wird, daß man erkennen kann, ihre gänzliche Falschheit wird vielfach nicht einmal geahnt. Gerade in diesen Tagen in Erwartung dessen, daß ich vielleicht die Ehre haben würde, über diese Frage hier zu sprechen, ging mir eine Schrift zu aus Bremen, betitelt „Ueber die Erbtheile der Vergangenheit und die Abgründe der Gegenwart" von Albertus Meyer — nicht Albertus Magnus, wie man vielleicht denken könnte. Dieser Herr hat eine Reihe von Thesen aufgestellt, in denen er das Recept zu besitzen behauptet, alle Uebel aus der Welt zu schaffen, besonders aber in der Geldfrage. Dort heißt es Seite 13:

> Da der Werth des Staatsgeldes nichts mit dem Werth des Materials zu schaffen hat, aus welchem dasselbe angefertigt ist, so ist die Frage, aus welchem Material dieses Geld hergestellt werden müsse, ganz untergeordneter Natur.

— Meine Herren, das könnte der Pariser Münzcongreß, sofern er von Bimetallisten besucht ist, ebenfalls über seine Pforte schreiben. — Die Nummer 15 dieser Thesen lautet:

> Die Größe des Betrages des coursirenden Geldes, so bedeutend sie auch immerhin sein möge, hat auf Gestaltung des Werthes oder der Preise der zum Austausch aufkommenden Gegenstände keinen Einfluß, weil die Preise sich lediglich durch Concurrenz, also durch Angebot und Nachfrage, reguliren, und Niemand geneigt ist, sich vom Gelde zu trennen, wenn er keine Bedürfnisse hat.

Und Nummer 17 lautet:

> Es würde jetzt ein ganz anderer allgemeiner Wohlstand herrschen, wenn anstatt Gold- und Silbergeld Staatspapiergeld coursirte, und alle die Jahre hindurch keine Steuern und Abgaben bezahlt worden wären.

Meine Herren, wenn dies Programm für die Reichsregierung

annehmbar wäre, damit wäre ihr das Geheimniß gegeben, Alle zufrieden zu stellen. (Heiterkeit).

Meine Herren, da haben Sie, auf ihren einfachsten Ausdruck gebracht, die Grundanschauung, die da glaubt, mit Menschenwitz und Menschenverfügung in das eingreifen zu können, was unwiderstehlich seine Kraft allein in sich selbst hat. Die Silberwährung ist nicht zurückgegangen in der Welt durch irgend welche Verfügung Einzelner, sondern durch den Gang der ganzen Cultur. Was wir gethan haben, war, daß wir erkannten, daß sie zurückgeht, und daß wir schnell uns in die Position gesetzt haben, uns dem anzupassen, und man nimmt als Ursache der Erscheinung, was nur einfach deren Wahrnehmung ist.

Jetzt will man hier eingreifen mit der Münzconvention. Sollte es wirklich im Deutschen Reichstage nothwendig sein, nochmals die Stimme zu erheben gegen den Gedanken, daß die Nationen ihr Geldsystem, den Organismus, das Blutsystem ihres ganzen Verkehrs, einrichten sollen auf Verträge mit fremden Nationen? Wenn irgend eine andere Nation noch auf diesen Arkadischen Gedanken kommen könnte, so würde ich das für weniger unfaßbar halten; aber wie die Deutsche Nation, die doch, wie unser berühmter College uns vor Jahren gesagt, vielleicht noch 50 Jahre lang auf der Zinne stehen muß, geschützt gegen die Gefahren, die ihr drohen können, wie die auf den Gedanken kommen kann, ihr Geldsystem festmauern zu wollen auf eine papierne Convention mit anderen Staaten — meine Herren, es giebt manche Ansichten unter Gegnern, in die ich mich hineindenken kann, ich schmeichle mir auch die Ansichten meiner Antagonisten so zu verstehen, daß ich ihr Gewicht nicht verkenne, — aber das zu verstehen bin ich ganz außer Stande. Man führt uns als Beispiel den Weltpostvertrag an. Wie wollen wir den Weltpostvertrag vergleichen mit einer Münzconvention! Wenn morgen der Weltpostvertrag in die Brüche geht, so sind wir dieselben, die wir vorher waren; wenn man aber unser Münzsystem von außen verdirbt, so sind wir es nicht mehr. Wahrlich, wir wissen doch aus Erfahrung genug! Welche Münzconventionen haben denn Stich gehalten selbst den leisesten Proben, denen sie ausgesetzt worden sind? Die verschiedenen Münzconventionen, die in der Welt geschlossen worden sind, die Deutsch-Oesterreichische wie die Lateinische, haben nicht ein Jahrzehnt Stich gehalten, und wir sollen das neue Deutsche Reich mit seiner nun bald fertigen Währung auf eine solche papierne Convention setzen!? Meine Herren, ich müßte wahrlich die Deutsche Reichsregierung sehr schlecht kennen, wenn ihr dieser Gedanke je einleuchten sollte. Ich weiß nicht, ob unser College Bühler hier ist, —

(Zuruf: ja!)

sein Gedanke, den ich ja hier nicht vertrete, dem ich aber für die entfernte Zukunft gar nicht alle Hoffnung absprechen will, sein Gedanke einer allgemeinen Entwaffnung ist meiner Ansicht nach ein realistischer, verglichen mit diesem Gedanken einer allgemeinen Weltmünzconvention. Meine Herren, es ist ja nicht zu leugnen, der Gang der Cultur wird hoffentlich die Nationen, wenn auch nicht in unseren Tagen, dazu führen, daß, nicht zwar durch Verträge, aber durch die Sitten die Kriege seltener werden und daß dadurch eine Abrüstung möglich sein wird, viel eher, als daß eine Nation das Blut- und Lebenssystem ihres Verkehrs durch Contract binde an das Blut- und Lebenssystem einer anderen Nation, über die sie keine Macht hat. Aus demselben Grunde ist auch die ganze Behauptung, daß man ein festes Verhältniß zwischen Gold und Silber auf dem Fuße von $15^{1}/_{2} : 1$ herstellen könnte, hinfällig; sie ist nur ein Theil von jener Behauptung, daß man einen willkürlichen Werth für eines der Metalle feststellen könnte. Ich weiß, die Herren berufen sich darauf, daß ja Frankreich so lange dieses Verhältniß festgehalten habe, aber es ist durchaus falsch, zu sagen, Frankreich hätte damit jemals principiell erklären wollen, es sei durch Gesetz möglich, dieses Verhältniß auf immer festzustellen. Frankreich hat, als es im Jahre 1785, wie in der neuerdings öfter erwähnten Denkschrift des Ministers Calonne ausgeführt ist, das bestehende Verhältniß von Gold zu Silber in der Ausmünzung der Louisd'or abänderte, sich ganz einfach den Thatsachen accommodirt, wie wir es vor Jahren thaten; es hat gefunden, daß das früher beobachtete Verhältniß nicht mehr richtig sei und hat es abgeändert. Wenn man behauptet, es habe sich seit Anfang des Jahrhunderts unabänderlich immer das Verhältniß von $15^{1}/_{2} : 1$ erhalten in der

Praxis, so protestire ich dagegen. Das ist einfach nicht der Fall. Es haben keine so großen Schwankungen stattgefunden, weil keine so starken Ursachen dazu vorhanden waren; aber Schwankungen haben immer und recht empfindlich stattgefunden.

Meine Herren, ich habe zu der Zeit in Frankreich gelebt, als der Amerikanische Secessionskrieg die großen Metallkrisen in der Welt hervorgerufen hat, als das Silber fehlte, um Baumwolle und Seide aus Ostindien zu beziehen, weil die Verbindung mit Südamerika unterbrochen und die Seidenernte in Europa mißrathen war. Ich weiß mich zu erinnern, wie Silber damals in Frankreich eine ungeheuer gesuchte Waare war, die mit starkem Agio bezahlt wurde, und dabei die Wirkungen der Doppelwährung aufs stärkste zum Vorschein kamen. Ich erinnere mich, daß man so im Gedränge, daß ein solches Odium damit verbunden war, Silber aus Frankreich auszuführen, daß alte Edicte aus vergangenen Jahrhunderten hervorgesucht wurden, welche verboten, Geld aus dem Lande auszuführen und daß nächtliche Haussuchungen bei den Wechslern stattfanden, die man in dem Verdachte hatte, sie könnten Fünffrancsstücke aus Frankreich herausbringen. So wenig ist es wahr, daß das Verhältniß immer ein ungestörtes geblieben wäre. Nein, die Ursachen sind andere, die Wirkungen sind andere geworden, weil wir an dem großen Wendepunkt angekommen sind, wo eine dauernde Verschiebung eingetreten und die Sache nicht länger zu halten ist; man verwechselt die Ursache mit der Wirkung, indem man glaubt, weil Frankreich nicht mehr Silber prägt, sei deshalb das Verhältniß 15,5 : 1 nicht mehr in Kraft. Umgekehrt! Frankreich hat aufhören müssen zu prägen, weil dieses Verhältniß nicht mehr haltbar war; das ist das wahre Sachverhältniß.

Nun, meine Herren, entschuldigen Sie mich, wenn ich Sie vielleicht etwas lange mit diesen grundlegenden Auseinandersetzungen aufgehalten habe. Ich habe es gethan, weil mir von verschiedenen Seiten des Hauses der Wunsch ausgesprochen worden ist, doch den Gegenstand, der ebenso interessant als im großen Ganzen wenig verstanden sei, nicht zu sehr obenhin zu behandeln. Ich sage das, um mich dagegen zu verwahren, daß ich Ihnen eine theoretische Vorlesung gehalten hätte. Es ist eben unabweisbar, wenn man von diesen Dingen spricht, einigermaßen auch in die Begriffs- und Grundverhältnisse der Sache einzutreten. Denn, meine Herren, nirgends gilt weniger der Satz, daß man sich bloß auf Praktiker berufen dürfte, als gerade darin; denn es ist das Eigenthümliche derjenigen, die am realistischsten mit dem Gelde verkehren, daß sie am wenigsten im Stande sind, diejenigen unvermeidlichen analytischen Begriffsbildungen zu machen, von denen man nothwendig ausgehen muß, um die Sache von einem zwar allgemeinen, aber darum in Wahrheit allein praktischen Standpunkt aus zu beherrschen. Wäre aber hier die Theorie zu perhorresciren — und ich erinnere mich, daß Herr Schatzsecretär Scholz im vorigen Jahre sich dahin ausgedrückt hat, der Herr Reichskanzler sei der Ansicht, daß hier mit der Theorie nichts gemacht werden könne — wäre mit der Theorie nichts zu machen, dann dürften bei dem Münzcongreß in Paris die Reden der Bimetallisten sehr wenig ins Gewicht gefallen sein. Denn höher gespannte theoretische Ausführungen, als von ihnen vorgetragen wurden, möchte wohl keiner von uns je gehört haben. Es wäre eigentlich am Platze gewesen, daß man, statt hier sich noch einmal über diese ganze Frage auszulassen, ein Resumé aus den Verhandlungen jenes Congresses, der seine Verhandlungen in diesen zwei starken Bänden niedergelegt hat, dem Reichstag unterbreitet hätte. Ich glaube, eine erschöpfendere und schlagendere Darstellung für die Güte unserer Sache und speciell dafür, daß die Praktiker vorwiegend auf der Seite meiner Anschauungen standen, dürfte nicht beizubringen sein. Hat doch der Führer dieser ganzen bimetallistischen Partei, Herr Cernuschi, den zu kritisiren und zu charakterisiren ich mich ebenso enthalte wie bei jeder anderen Persönlichkeit, — hat er doch so abstract die Dinge erfassen wollen, daß von dem Congreß alle seine Programme und alle seine Anträge von vornherein einfach bei Seite geschoben und an ihre Stelle diejenigen Anträge und Programme gesetzt wurden, welche der praktische Mann aus Holland, der für seine Regierung die Doppelwährung vertrat, formulirte. Um Ihnen ein kleines Muster zu geben, welche praktische Sprache man auf Seiten der bimetallistischen Führer gesprochen hat, führe ich folgendes Argument aus dem Vortrag ihres Hauptredners an: war denn Athen, das Athen des

Plato und Aristoteles, nicht auch ein civilisirter Staat und hatte doch nur Silberwährung? —

(Heiterkeit links).

Und ein andermal — der Satz ist seiner Wunderlichkeit halber seitdem oft hervorgehoben worden — hat er, sich an Deutschland wendend, ausgerufen: War denn das Deutschland von Schiller und Goethe nicht eben so glücklich wie das Deutschland von Soetbeer und Bamberger?

(Heiterkeit links.)

Ja, meine Herren, dürfte ich Ihnen die Fragebogen, welche die Herren Cernuschi und Dana Horton entworfen hatten, vorlesen, Sie würden Ihr Wunder sehen, was man im Punkte der Theorie leisten kann

Hat doch auch Herr Cernuschi geglaubt, einen großen Geniestreich zu machen, als er auf dem Congresse beantragte, man möge, um Deutschland für die Doppelwährung zu gewinnen, ihm eine Anzahl Millionen Entschädigung zahlen dafür, daß es seine Goldwährung wieder fahren lasse; er hat sich muthmaßlich dabei gedacht: diese habgierigen Deutschen, wenn man ihnen nur Millionen zeige, würden nicht widerstehen können. Ich mußte, als ich diesen Vorschlag las, an die Legende der Pendulen denken, und der Congreß hat ihn einfach mit Kopfschütteln beseitigt. Wie hat denn der Congreß geendet, meine Herren? Nachdem der Congreß vom April zum bis Juli getagt, hat er sich schließlich vertagt auf den April d. J. und das Weitere unbestimmten diplomatischen Verhandlungen überlassen. Um es mit einem Wort zu sagen, nach dem Zeugnisse Aller, selbst der Anhänger des Congresses, hat er einfach mit einem Fiasco geendigt, wie ich es ihm vorausgesagt hatte Als im vorigen Jahre der Congreß als eine große That des Heils angekündigt wurde, sagte ich hier: ich freue mich, daß er kommt, denn er wird die Sterilität dieser Idee aufs klarste beweisen; und ich habe hinzugefügt: ich hege das Vertrauen zur Reichsregierung, sie wird sich nicht beschwatzen lassen, sondern sich kühl ablehnend verhalten. Höchstens durfte sie, wie ein anderer Collega mit Recht ausführte, einige Concessionen machen, um, wenn andere Staaten zur Doppelwährung zurückkehren wollten, es diesen zu erleichtern.

Das ist wörtlich so eingetroffen, wie vorausgesagt. Und wenn man, um das alles zu entkräften, Männer der Wissenschaft vorführt, drei oder vier Professoren, die natürlich als die berühmtesten unter allen hingestellt werden — ich will auch sie nicht kritisiren, aber eben deshalb verwahre ich mich dagegen, daß man statt der Argumente, die hier im Hause vorzutragen wären, angebliche Autoritäten heraufführt, um darauf die Nothwendigkeit einer Umgestaltung unserer Münzverfassung zu begründen.

Die Gefahren, die entstehen würden, wenn das Gold wirklich so rar würde, wie die Herren prophezeien, die verkenne ich eben so wenig als die umgekehrte Gefahr einer Entwerthung des umlaufendes Geldes. Meine Herren, das Bedürfniß einer Währung ist, daß sie möglichst stabil sei; über die zweischneidige Frage, was größere Gefahr bringe, eine Währung, die die Tendenz hat, an Werth zuzunehmen, oder eine, die die Tendenz hat, zurückzugehen, darüber will ich heute neue Betrachtungen nicht vorführen, denn wir stehen hier vor einer der meistverwickelten Fragen der Volkswirthschaft. Nur so viel will ich noch hinzufügen: vom socialpolitischen Standpunkt aus, der jetzt ja so stark betont wird, liegt unzweifelhaft die größere Gefahr für den Unbemittelten, für denjenigen, der Arbeitslohn empfängt, für die Wittwen und Waisen, für die Beamten, ja für den ganzen Staat, der doch viel weniger Producent als Consument und auch viel weniger Schuldner als Consument ist, in dem Herabgehen der Währung. Und wenn ich dies den Vertretern der Socialpolitik zu erwägen gebe, so will ich damit nicht im Geringsten gesagt haben, daß die Steigerung eines Währungsmetalls etwas Wünschenswerthes sei; die Gefahren stehen eben auf beiden Seiten.

Bei dieser Lage der Sache wird das Deutsche Reich sich nicht verwehren lassen, die Maßregeln, welche zur Vollendung seiner Münzreform nöthig sind, nach eigenem Ermessen, unabhängig von anderen Nationen durchzuführen, der Haltung entsprechend, welche im Großen und Ganzen auch seine Vertreter auf dem Münzcongreß eingenommen haben. Kein Staat hat mehr Grund, mehr Ursache als Deutschland, die bimetallistische Convention zu verschmähen. Selbst England mit seinen gewaltigen Beziehungen zu Indien hat größeres Interesse als Deutschland an dem bimetallistischen Experiment. Die jüngeren Söhne der Aristokratie z. B., welche in Indien versorgt werden und ihre Pension von dort her beziehen, das Englische Staatsbudget und die Englischen Gläubiger der Indischen Staatsschuld haben ein überwiegendes Interesse daran, daß der Werth der Rupie erhöht werde, wenn es durch künstliche Combinationen geschehen kann. Auch Holland mit seinen Colonien hat viel mehr Interesse, ebenso Frankreich mit seinen großen Silbervorräthen, die auf 2500—2800 Millionen geschätzt werden, alle diese Länder, von Italien nicht zu reden, haben mehr Grund, ein derartiges Experiment zu wünschen; Deutschland, wenn es auch noch nicht fertig ist mit seiner Währung, befindet sich verhältnißmäßig in der wenigst unbequemen Lage; und wenn man gesagt hat, wir sollen uns einer solchen Convention anschließen, selbst ohne England, so ist das einer von den Gedanken, die ich selbst vom Standpunkt des Gegners als unfaßbar ansehe. Ich muß den gelehrten Herrn Collegen Leuschner gestern nicht richtig verstanden haben, als ich ihn glaubte sagen zu hören: Herr Soetbeer, mein hochverehrter Freund und gewiß einer der anerkennenswerthesten Mitarbeiter auf diesem Gebiete, sei der Ansicht, es sei räthlich für uns, eine Convention abzuschließen, die das Werthverhältniß zwischen Gold und Silber feststellte. Wollte damit gesagt sein, eine Convention inclusive England, so will ich nicht widersprechen, denn das hat Herr Soetbeer abweichend von meiner Auffassung zugegeben, daß wenn England einer solchen Convention beiträte, auch für uns Ursache vorhanden wäre, ihr beizutreten. Aber ohne England nimmermehr. Selbst Herr von Kardorff ist früher nie so weit gegangen. Der verstorbene Herr Seyd, einer der bestunterrichteten praktischen Anhänger der Doppelwährung, hat ausdrücklich gesagt, es wäre größte Thorheit für jedes Land, namentlich für Deutschland, eine Münzconvention zu schließen, so lange England nicht daran theilnähme, und ich glaube sogar, daß in früheren Stadien Herr Dr. Arendt, der Generalstabschef der bimetallistischen Armee in Deutschland, sich zu derselben Ansicht bekannt hat. Jetzt, wo es immer deutlicher wird, und auf dem Congreß actenmäßig festgestellt wurde, daß England sich nicht dazu bequemt, daß nicht daran gedacht werden kann, daß England auf die Sache eingeht trotz der kleinen ostentativen Manöver, die in England gemacht werden, — jetzt kommt man und will man uns allmälig an den Gedanken gewöhnen, daß wir einer solchen bimetallistischen Convention beitreten könnten auch ohne England; aber ich glaube, davor wird man bei uns nicht zu warnen brauchen, und wenn man bei uns einen Herrn von der Englischen Bank citirt und die Liverpooler und Manchesterer Kaufleute, die jetzt Aufforderungen zur Bildung bimetallistischer Vereine in die Welt schicken, so antworte ich darauf mit dem Englischen Sprichwort, welches sagt: charity begins at home: habt ihr erst eure Landsleute bekehrt, dann wollen wir es uns überlegen. (Bravo! links.)

Vicepräsident Freiherr zu Franckenstein: Das Wort hat der Herr Abgeordnete von Reden.

Abgeordneter von Reden: Meine Herren, nachdem der Herr Vorredner zwei Stunden gesprochen hat, werde ich wohl einem Wunsche des Hauses entsprechen, wenn ich mich möglichst kurz fasse; ich werde daher nur auf Punkte, die der Herr Vorredner berührt hat, eingehen. Ich hätte gewünscht, daß der Herr Vorredner Dr. Bamberger mir solche Argumente vorgebracht hätte, die mich zu seinen Meinungen hätten hinüberziehen können, daß er namentlich mich beruhigt hätte über unsere monetären Verhältnisse. Das ist indessen nicht geschehen, einen solchen Eindruck haben seine Ausführungen auf mich nicht gemacht. Seine Beweise waren größtentheils alte liebgewordene Bekannte, vielleicht in ein etwas neues Gewand gekleidet. Sie kommen mir vor wie alte gediente Soldaten, die sich immer wieder schlagen und auch gut schlagen in der geschickten Ausrüstung, die der Herr Vorredner ihnen zu geben versteht, allein den Sieg vermögen sie bis jetzt noch nicht an ihre Fahnen zu heften; im Gegentheil scheinen mir die Feinde der Goldwährung alle Tage zuzunehmen. Der Herr Vorredner sagte, daß er seine Meinung gegen früher durchaus nicht verändert habe. Ich glaube mich nun zu erinnern, daß er früher die Ansicht ausgesprochen hat, man müsse eigentlich eine allgemeine Goldwährung für die ganze Welt anstreben.

(Abgeordneter Dr. Bamberger: Wo habe ich das gesagt?)
— In früheren Schriften, ich würde das nachweisen können.
(Abgeordneter Dr. Bamberger: Wo?)

Vizepräsident Freiherr zu Franckenstein: Ich bitte den Herrn Redner nicht zu unterbrechen.

Abgeordneter von Reden: Ich glaube, daß dieser Gesichtspunkt heute bei ihm allerdings nicht hervorgetreten ist; im Gegentheil hat er von einer Trennung von Asien einerseits und Europa und Amerika auf der anderen Seite gesprochen, und ich glaube, daß das einer Meinung seines Freundes Soetbeer vielleicht zu verdanken ist, welcher sich ausdrücklich dafür ausspricht, daß eine allgemeine Goldwährung jedenfalls zu einer enormen Entwerthung des Silbers führen müsse, und daß damit ein Sinken aller Preise verbunden sei. Ich schließe daraus, daß der Herr Vorredner die Kreise für seine Goldwährung heute schon etwas enger gezogen hat, und will nicht ganz die Hoffnung aufgegeben, ihn dermaleinst noch in dem bimetallistischen Lager zu sehen. In der Hamburger Debatte sagte der Herr Vorredner — und ich glaube, in dieser Debatte war er glücklicher als heute, wenigstens am ersten Tage, er vertrat damals auch eine sehr schwierige und auf etwas unsicheren Füßen stehende Sache — in der Hamburger Debatte sagte er, wenn man keine Gründe für eine Behauptung hat, so pflegt man die Sache als getragen durch die öffentliche Meinung hinzustellen. Er hat uns heute gesagt, daß die Goldwährung der Meinung der Geschäftswelt entspräche, daß ein Zug der Weltentwickelung nach Gold ginge. Er hat uns auch nebenbei vorgeführt, daß eigentlich an der bimetallistischen Bewegung Herr Dr. Arendt schuldig sei, und daß der Stand unserer Civilisation das Gold als Tauschmittel bedinge. Er hätte uns ja auch noch die ethischen Gründe vorbringen können, die er damals so geschickt und schalkhaft mitten in die Hamburger Commission hineingeworfen hat.

Ich werde noch auf einige andere Punkte, die der Herr Vorredner erwähnt hat, zurückkommen; ich kann nur jetzt schon sagen, ich würde mich ganz gut mit der Goldwährung abfinden können, obgleich ich ja in jeder einfachen Währung viel Mängel sehe — eine einfache Währung giebt es überhaupt nicht, Sie müssen ja doch stets Silber und Gold gleichzeitig gebrauchen —, ich würde auch der Entwickelung der Dinge ganz ruhig ins Auge sehen können, wenn nicht so auffallende Thatsachen hervorträten, die allerdings unbequem sein mögen, die freilich von dem Herrn Vorredner auch bestritten oder eingeschränkt wurden, und die nicht in das Ideal einer Goldwährung hineinpassen, aber Thatsachen, die man doch nicht aus der Welt schaffen kann, und mit denen man sich abfinden muß.

Der Herr Vorredner hat auch noch die Ansicht hier angedeutet, daß die Währungsfrage eine politische Parteifrage sei. Er hat dieses heute vielleicht nicht so scharf hervorgehoben, wie das früher wohl geschehen ist. In einer früheren Schrift, die der Herr Vorredner herausgegeben hat, sagt er auf Seite 2 im „Reichsgold" — wenn mir gestattet wird, die Stelle vorzulesen:

Ueberall sind es die gleichartigen politischen Gruppen, welche auch in diesen Fragen mit dem Trug hantiren. Ueberall sind es die falschen Volksfreunde, welche falsches Geld wollen: so die clericalen Gönner der Doppelwährung in Belgien, wie die demokratischen Gönner der Papierwährung in Nordamerika; so insbesondere die noble Gesellschaft der verbündeten Kreuz-, Volks- und Gottesmänner in Deutschland.

Was die Gottesmänner mit der Währung zu thun haben, ist mir unverständlich. Was versteht er unter Gottesmännern? Es scheint mir überhaupt in auffallender Weise die Meinung verbreitet zu sein, als ob etwa die Anhänger des Bimetallismus Reactionäre seien, und die Anhänger des Monometallismus mit dieser ihrer Ueberzeugung eine liberale Idee, eine liberale Institution vertreten. Ich glaube, daß auf beiden Seiten sowohl Bimetallisten als auch Anhänger der Goldwährung sich befinden werden, und ich möchte mich ausdrücklich hier gegen die Unterstellung verwahren, als ob die Währungsfrage eine politische sei, und vielmehr dagegen constatiren, daß sie eine rein technische wissenschaftliche ist, allerdings eine solche von eminent wirthschaftlicher Bedeutung. Die bimetallistischen Bestrebungen stehen ja allerdings in gewissem inneren Gegensatze zum Manchesterthum, indessen wir wollen das Manchesterthum doch nicht mit dem Liberalismus identificiren. Das Manchesterthum sucht die Einflüsse der Gesetzgebung auf das wirthschaftliche Leben möglichst auszuschließen und überläßt die nationalökonomischen Dinge mehr oder weniger der freien Concurrenz, während gerade die Bimetallisten behaupten, durch die Gesetzgebung das Werthverhältniß zwischen Gold und Silber fixiren zu können. Freilich wird man ja nicht vergessen dürfen, daß bei Einführung der Münzreform die Gesetzgebung sehr einflußvoll mitgewirkt hat; aber ich sage, in der Beantwortung der Frage, ob es möglich ist, das Werthverhältniß zwischen Silber und Gold festzusetzen, liegt meiner Ansicht nach der Hauptkernpunkt der ganzen Controverse; und daß diese Festlegung möglich ist, haben wir ja an der Französischen Doppelwährung gesehen. Der Herr Vorredner hat dieses auch bestritten, wie er das meiste ja bestreitet; aber, wie gesagt, mit den alten Gründen, die immer wiederkehren, aber schon eben so oft widerlegt sind. Man sehe sich die Geschichte der Französischen Doppelwährung an, namentlich die Geschichte der Jahre 1850 bis 1870, also in der Zeit, wo Productionsverschiebungen stattfanden, wie wir sie noch nie gesehen haben. Wenn Sie bei Soetbeer nachsehen wollen, werden Sie finden, daß in diesen 20 Jahren mehr Gold producirt ist als in den 357 Jahren vorher. Außerdem trat in dieser Zeit, namentlich 1860—1865, eine große Silbernoth auf, und trotzdem ist die Französische Doppelwährung im Stande gewesen, diese ungünstigen, total umgewälzten Productionsverhältnisse zu überwinden durch ihren Einfluß.

Nun sagt der Herr Vorredner heute: es haben ja trotzdem immer Schwankungen stattgefunden, der Silberpreis hat niemals 60⅞ pro Unze in Wirklichkeit gestanden. Dagegen wird von dem berühmten Englischen Nationalökonomen Seyd, einem genauen Kenner des Edelmetallmarktes, der leider jetzt verstorben ist, unwiderleglich nachgewiesen und durch die verschiedensten Beispiele erörtert, daß der Silberpreis genau 60⅞ pro Unze Standard gewesen ist, und daß diese Schwankungen lediglich hervorgerufen sind durch die Kosten der Versendung und Verschiffung von England nach dem Continent resp. wieder zurück, je nachdem England Silber nöthig hatte für Indien oder nicht. Wenn man die Darlegungen von Seyd liest, kann man, wenn man unbefangen ist, meiner Ansicht nach nicht zweifeln, daß die Französische Doppelwährung den Silberpreis genau festgehalten hat.

Ich glaube nun, daß die Gesetzgebung der Staaten, welche im Jahre 1873 die alte Relation von 15½ zu 1 zerstörten, auch im Stande sein werden, dieses alte Werthverhältniß wieder aufzurichten. Für diese Behauptung könnte ich Ihnen auch eine Reihe von bimetallistischen Schriftstellern anführen; darauf verzichte ich, jedoch. Ich will den Freund des Herrn Vorredners, Soetbeer, sprechen lassen.

Soetbeer sagt in seiner „Edelmetallproduction" auf Seite 132, daß in den Jahren 1850 bis 1870, also in den eben geschilderten Jahren, wo die Productionsverhältnisse ungünstig waren, die Französische Alternativwährung das Steigen des Silbers verhindert habe. Er giebt also ausdrücklich zu, daß die Productionsverhältnisse dieser Jahre keinen Einfluß auf den Preis des Silbers hatten, und daß daran die Französische Gesetzgebung schuld war.

Soetbeer sagt an anderer Stelle im Jahre 1878, wenn ich nicht irre im Aprilheft des Deutschen Handelsblatts, seiner Meinung nach wäre ein Münzbund — und er versteht darunter an dieser Stelle einen Bund von Frankreich, dem lateinischen Münzverbande, den Vereinigten Staaten, Oesterreich, Holland und Britisch-Indien — also von England ist da nicht die Rede — er sagt, daß ein solcher Münzbund seiner Auffassung nach im Stande sei, den Preis von 60 für das Silber sehr bald zu erreichen und zu verhindern, daß jemals das Silber wieder viel unter diesen Preis fallen werde.

Soetbeer hat sich auch im Jahre 1880 in seiner bekannten Denkschrift dahin ausgesprochen — ich erwähne sie deshalb, weil der Herr Vorredner gerade gegen diese Auffassung polemisirt hat — in dieser Schrift geht er auf die Frage näher ein und giebt uns einen wie einen Gesetzentwurf formulirten Vorschlag, wie ein solcher Münzbund gestaltet sein müsse; er nennt hier Frankreich, Amerika und England — hier hat er England hineingezogen, was er vorhin nicht hatte. Er sagt auch in dieser Denkschrift, daß seiner Auffassung nach der Bimetallismus praktisch ausführbar sei; er beklagt die großen Schwankungen, spricht von den großen Verlusten, die heute entstehen durch die verschiedenen Preise des Silbers u. s. w. Er sagt, daß er einen Bimetallismus wohl wünsche, daß dieser von ungeheurer Wichtigkeit sei, wenn ausführbar. Ich glaube, daß ich ziemlich richtig citire, was Soetbeer gesagt hat.

Um noch einmal auf den Punkt zurückzukommen, den ich vorhin berührt habe, daß die Währungsfrage keine politische Frage sei, so brauche ich Ihnen nur drei Namen von liberalen Bimetallisten zu nennen, nämlich Neuwirth, Schäffle und Lexis. Ich glaube, der Herr Vorredner hat sie vorhin schon erwähnt in der Erwartung, daß sie genannt werden würden. Das sind durchaus liberale Männer, die in sehr hervorragender Weise durch ihre Schriften für den Bimetallismus eingetreten sind, und zwar, was noch besonders bemerkenswerth ist, waren diese Männer früher Anhänger der Goldwährung. Es ist für mich das ein Beweis, wie gerade in diesen liberalen Köpfen eine meiner Auffassung nach glückliche Fortbildung resp. Neubildung der Gedanken über die Währungsfrage stattgefunden hat gegenüber den festgewurzelten und daher schwer zu verdrängenden Gedanken zu Gunsten der Goldwährung, die ja meiner Meinung nach auch der nothwendigsten Voraussetzung entbehrt, nämlich des Vorhandenseins des nöthigen Goldes, welches wir gebrauchen, um den Verkehr in Europa und Amerika aufrecht zu erhalten. Das behaupte ich auch trotz der Behauptung des Herrn Vorredners neben der vollständigen Unmöglichkeit, wie ich wenigstens meine, das Silber abstoßen zu können.

Auf die Verhältnisse der Goldproduction werde ich mich nicht [einlasse]n, es würde mich das zu weit führen; ich will nur [auf die Gefa]hr der Abnahme der Goldproduction hinweisen. Ich [glaube, daß] außer Herrn Dr. Bamberger von wenigen Anhängern der Goldwährung, wenigstens in dieser Weise, wie wir es heute gehört haben, bestritten werden wird, daß die geologischen Verhältnisse für die Goldproduction außerordentlich ungünstig liegen. Meine Herren, es hat sich in dieser Währungsfrage ein mächtiger Umschwung vollzogen; und ich glaube, daß dieser Umschwung genau aus der Zeit datirt, wo man überhaupt angefangen hat, sich mit diesen Sachen zu beschäftigen,

(sehr richtig! rechts)

und ich glaube, daß, wenn Leute unbefangen und unbeeinflußt an die Sache herantreten, sie zu einem richtigeren und besseren

Resultate gelangen als diejenigen, die unter dem Drucke festgelegter Lehrmeinungen nicht die Fähigkeit haben, ihren alten Standpunkt abzuschütteln. Früher hielt man die ganze Sache nicht für wichtig genug und folgte den geldkundigen Autoritäten; — die Männer der Wissenschaft haben sich von diesen geldkundigen Autoritäten frei gemacht. Ich könnte noch viele Namen nennen; gestern ist auch vom Collegen Leuschner darauf Bezug genommen, daß mehrere Bankdirectoren sich für den Bimetallismus erklärt haben, unter Anderen auch der Bankdirector der Englischen Bank, namens Grenfell. Auch verschiedene Handelskammern haben sich für die internationale Doppelwährung ausgesprochen — dies ist bereits von dem Herrn Vorredner erwähnt worden, er hat die Zahl allerdings sehr herabgedrückt — aber immerhin haben sich einige Handelskammern für den Bimetallismus ausgesprochen, und ich glaube, daß das Votum der Handelskammern von Liverpool und Manchester doch ins Gewicht fallen muß. Sonst legen Sie doch solch großes Gewicht auf die Urtheile der Handelskammern, warum nicht in dieser Frage? 1867 waren alle Regierungen mit Ausnahme der von Holland für Goldwährung; 1878 auf der zweiten Pariser Münzconferenz hatten sich die Meinungen schon etwas geklärt. Deutschland war zwar nicht vertreten, wie der Herr Vorredner richtig sagte. Es glänzte durch seine Abwesenheit, wie sich Herr Dr. Soetbeer ausdrückte und glaubte Deutschland damit ein Lob zu ertheilen; ich glaube, es war sehr beklagenswerth, daß Deutschland nicht vertreten war. 1881 auf der letzten Münzconferenz haben sich die Vereinigten Staaten, Holland, Frankreich, Italien, Spanien für den Bimetallismus ausgesprochen, die Regierungen von Dänemark und Rußland machten durch ihre Vertreter Levy und Thörner Vermittelungsvorschläge, sogar England und Deutschland erklärten sich zu gewissen Concessionen bereit.

Sie sehen also, ein ähnlicher Umschwung, wie er sich bei den liberalen Männern der Wissenschaft vollzogen hat, hat auch innerhalb der Regierungen stattgehabt.

Ich glaube nun doch, daß man angesichts dieser Thatsachen nicht mehr wird behaupten können, wie das früher wohl geschehen ist, daß der Bimetallismus eine Utopie ist, daß er absurd und un=

praktisch sei, und wie dergleichen Aeußerungen mehr gebraucht sind. Ja im „Deutschen Handelsblatt", glaube ich, ist gesagt, der Bimetallismus wolle den Schaden der ehrlichen Leute. Eine Einbildung wirkt besonders schädlich, und — der Herr Vorredner nehme es mir nicht übel: er hat auch gewissermaßen es so hingestellt, als ob die öffentliche Meinung befürchtete, wir würden unser Gold verlieren können; nämlich die Einbildung, als ob Deutschland sofort mit der Freigabe der Silberausprägung vorgehen solle. Davon ist bei ernsthaften Bimetallisten durchaus nicht die Rede. Deutschland soll nicht isolirt vorgehen, es wird also nicht in die Lage kommen können, sein Gold zu verlieren; im Gegentheil wird man Deutschland Concessionen machen und es in die Lage bringen, abwarten zu können, bis die anderen Länder die Prägung für die Privaten freigegeben haben. Es wird sich dabei nur um die Frage handeln, ob wir eine Allianz à trois oder à quatre, wie man heute sagt, eingehen können, ob wir England haben müssen oder nicht. Ich habe mich der Meinung im ganzen zugeneigt, daß es möglich sei, ohne England vorzugehen, obgleich ich natürlich einen Beitritt von England für wünschenswerth erklären muß. Zunächst, glaube ich, wird es unbedingt günstig wirken und wird die Sache dadurch entschieden werden, wenn Frankreich und Amerika erklären, daß sie den Muth haben, ihrerseits mit der unbeschränkten Prägung vorgehen zu wollen, sobald die Relation von $15\frac{1}{2}$ erreicht ist.

Meine Herren, ich muß mich leider bei der vorgerückten Zeit …… und sage: will man auf der am 12. April in Paris Münzconferenz auf dem alten Standpunkte stehen … an dem Versuche festhalten, die Goldwährung bei uns ein……, — denn, meine Herren, ein Versuch ist es ja doch nur immer gewesen, wir experimentiren seit 10 Jahren und können zu keinem festen Zustande gelangen — will man bei diesem Versuche stehen bleiben, dann muß man auch consequent sein und erklären: „man wolle die 500 Millionen Mark Thaler verkaufen." Der Herr Vorredner hat gesagt, wir hätten nur 300 Millionen Mark Thaler. Soetbeer schätzt die Masse des Thalersilbers auf 466 Millionen Mark, und Schraut, wenn ich nicht irre, hat die Summe angegeben von 410 Millionen. Dem mag nun sein, wie ihm wolle, jedenfalls müssen wir dazu schreiten, das Silber zu verkaufen, und sollte der Herr Vorredner in die Lage kommen, einen derartigen Antrag zu stellen, so würde ich ihn unbedingt unterstützen. Diese 500 Millionen Thalersilber stellen geradezu eine Gefahr für uns dar, sie fordern außerdem zur Nachmünzerei heraus und sind im Grunde weiter nichts, als ein unterwerthiges Silbergeld mit Zwangscours.

Ich will Sie nicht weiter aufhalten mit der Schilderung unserer heutigen sogenannten Goldwährung; aber ich glaube doch, wenn wir 1200 bis 1300 Millionen Mark Gold haben und demgegenüber ein unterwerthiges Creditgeld von ungefähr 1000 Millionen (nämlich) 436 Millionen Scheidemünze und 500 Millionen Thalersilber und 44,7 Millionen Nickelmünzen) und außerdem 859 Millionen Banknoten — wegen nur 559 Millionen gedeckt, und wenn man außerdem bedenkt, daß wir nicht etwa zehn Mark Silbermünzen auf den Kopf der Bevölkerung haben, sondern wenn wir 500 Millionen Thalersilber hinzurechnen, über 20 Mark Silbergeld pro Kopf, so ist das in der That bedenklich. Ich glaube, daß man eine solche Lage nicht so rosig hinstellen kann, wie der Herr Vorredner es gethan hat. Ich will ihm gerne concediren, daß unsere Lage noch verhältnißmäßig günstiger ist als die anderer Länder, und ich freue mich darüber, denn das wird uns auf der Münzconferenz einen gewissen Rückhalt geben; ich sage nur: wollen wir jetzt vorgehen mit dem Verkauf des Thalersilbers — und ich bin begierig, die Probe zu sehen, da dies die Probe auf unsere Goldwährung sein wird —, so glaube ich, man würde dann einen Silbermarkt finden, gegen den die Silberpanik von 1876, wo das Silber 46¾ pro Unze Standard stand, sich noch ausnehmen würde wie ein sehr flotter Silbermarkt, und ich bitte, die Folgen nicht zu verkennen, die sich an ein solches Vorgehen knüpfen würden.

Aber, meine Herren, selbst wenn wir im Stande gewesen sein sollten, dieses Thalersilber zu stets niedriger gehenden Preisen zu verkaufen, dann haben wir auch noch eine andere Frage zu lösen, das ist die Scheidemünzenfrage. Meine Herren, wir prägen heute bereits die schlechteste Scheidemünze der Welt, nämlich 1 : 13,95,

während das Verhältniß bei den übrigen Völkern wenigstens
1 : 14 und ein ziemlich hoher Bruchtheil ist. Das Verhältniß in
unserer Scheidemünze von 1 : 13,95 würde einem Silberpreise
von 67¾ pro Unze Standard entsprechen, während in Wirklichkeit
das Silber auf dem Londoner Silbermarkt per Unze Standard heute
nur 52 kostet. Nun sagen die Herren Monometallisten — unter
anderen hat dies der Herr Vorredner gesagt, allerdings nicht heute,
aber in einer früheren Schrift, es sei ein elementares Ereigniß ge=
wesen, daß das Silber im Preise gesunken sei, es sei ein Natur=
ereigniß gewesen, das Silber habe eine innere Tendenz zum
Fallen gehabt. Ich habe mir niemals eine Vorstellung machen
können von dieser „inneren Tendenz des Fallens" beim Silber,
und der Herr Vorredner möge mir verzeihen, daß ich dem Fluge
dieses Gedankens nicht habe folgen können. Ich habe immer ge=
glaubt, es seien sehr äußerliche Gründe gewesen, die den Silber=
preis zum Fallen gebracht, und daß diese Gründe vorzüglich in der
Gesetzgebung zu suchen seien. Soetbeer sagt, seiner Auffassung
nach sei ein ganz neues constantes Werthverhältniß in Bildung be=
griffen, das Silber würde später etwa den Preis von 18,5 zu 1
oder 20,5 zu 1 haben. Nimmt man aber dieses an, nämlich, daß
das Silber niemals den früheren Standpunkt im Preise wieder
erreichen kann, wie kann man dann eine Scheidemünze ausprägen
im Verhältniß von 1 zu 13,95? Das scheint mir unmöglich. Und
— haben wir denn dieses Verhältniß von 1 : 13,95 gewählt? Doch
—shalb, weil wir die Möglichkeit der Auswanderung unserer
— emünze verhindern wollten. Man glaubte, daß das alte
—verhältniß von 15½ : 1 nicht alterirt werden würde, und daß,
wie es öffentlich ausgesprochen ist, unsere Münzreform sich spielend
vollziehen würde. Sie haben die Rechnung gemacht, ohne die
Suspendirung der Französischen Silberausprägung, also ohne die
Gesetzgebung, die von seiten Frankreichs hier intervenirte und das
Silber zu Falle brachte.

Meine Herren, ich werde jetzt kurz meine Meinung zusammen=
fassen und mich dahin aussprechen: Ich glaube, daß wenigstens
unter der Voraussetzung einer Abnahme der Goldproduction und
unter der Voraussetzung einer Fortdauer des Goldmangels wir einer

Geldkrisis der schlimmsten Art nicht werden entgehen können. Ich glaube nicht, daß wir heute bereits eine Geldvertheuerung haben. Ueber die Folgen einer Geldvertheuerung werde ich auch mit dem Herrn Vorredner einer Meinung sein, nämlich über die schlimmen Folgen. Ich behaupte nicht, daß wir sie heute bereits haben, aber am Horizonte zeigen sich bereits drohende Anzeichen. Es ist in dieser Beziehung vom ersten Herrn Redner vieles bereits gesagt worden.

Ich möchte das Eine, was hier noch nicht erwähnt ist, hervorheben, daß die Baarvorräthe der Bank von England seit dem Jahre 1879, wo sie 37 Millionen Pfund Sterling betrugen, um 17 Millionen Pfund Sterling abgenommen haben und $20^{2}/_{3}$ Millionen Pfund Sterling betragen. Italien — das ist, glaube ich, auch noch nicht erwähnt worden, dem Herrn Vorredner wird es gewiß sehr gut bekannt sein, er hat diesen Punkt in diese Erörterung nicht hineingezogen — Italien macht eine Anleihe von 410 Millionen Franken Gold. Von diesen 440 Millionen Franken Gold haben bis jetzt nur etwa 170 bis 180 Millionen zusammengebracht werden können, weil das Gold eben nicht vorhanden ist. — Ich will Sie mit weiteren Erörterungen nicht behelligen, ich würde ja auch auf Amerika verweisen können, ich glaube den Herren allen einen Gefallen zu thun, wenn ich mich möglichst kurz fasse.

Ich meine nun, das Ende der Verwirrung wird sein: nachdem wir — der Herr Vorredner hat die Decke auch hier hereingezogen, es sei mir auch erlaubt — nachdem wir lange genug an der Decke gezerrt haben zum Unheil Aller, werden wir doch zu der vertragsmäßigen internationalen Doppelwährung kommen müssen, und ich hoffe, daß die Vorurtheile, in Deutschland sowohl wie in England, sich beseitigen lassen werden, und warne davor, daß man die Dinge so weit kommen läßt, daß wir wirklich eine Geldvertheuerung erleben, weil dann der Kampf ausarten wird zu einem Kampf zwischen Capital und Production. Ich möchte wünschen, daß unsere Regierung auf der Pariser Münzconferenz mit möglichster Vorsicht vorgehen möge. Wir sind ja nicht in einer schlimmen, ungünstigen Lage, man wird uns gewisse Concessionen machen, wir sollen ja auch nicht isolirt vorgehen und können daher auch niemals in eine schwierige Lage hineingerathen. Wir müssen möglichst zur Hebung des Silberwerthes beitragen und uns die Wege nicht verschließen, die zur internationalen, vertragsmäßigen Doppelwährung führen können, damit wir endlich aus dem Währungskriege zum Währungsfrieden gelangen zum Heile Aller, und die Handelswelt vor den furchtbaren Verlusten bewahren, die ihr bevorstehen, wenn in der That sich die Verhältnisse zu einer Geldvertheuerung herausbilden sollten. (Bravo!)

Aufruf!

Die schweren, wirthschaftlichen Schäden, welche die Demonetisirung und Entwerthung des Silbers hervorgerufen haben;

Die Erkenntniß, daß die vorhandenen Goldvorräthe dem Bedürfniß nicht genügend entsprechen und demnach Goldmangel und Geldvertheuerung mit ihren anerkannt verderblichen Wirkungen unvermeidlich bevorstehen;

Die Unmöglichkeit, die Goldwährung in Deutschland selbst unter den schwersten Opfern vollständig durchführen zu können;

Die Gefährdung der Grundlagen des gesammten Deutschen Geld= und Creditsystems durch dauernde Beibehaltung des Status quo, mit der Circulation von beinahe einer Milliarde entwertheten Silbergeldes, die in kritischen Zeiten eine trophe als unvermeidlich erscheinen lassen;

e diese schwerwiegenden Gründe, deren Richtigkeit die ndsten Männer der Theorie und der Praxis aller ... hr und mehr anerkannt haben, veranlaßte die Unterzeichneten, eine Vereinigung zu bilden, welche auf die Herbeiführung der internationalen, vertragsmäßige Doppelwährung hinwirken will, weil nur auf diesem Wege die vorhandenen und drohenden Uebelstände beseitigt werden können.

Die Wiederherstellung des alten Werth=Verhältnisses von 1:15,5 ist das Fundament, die schließliche Einführung der freien Ausprägung beider Edelmetalle nach diesem Werthverhältniß das Ziel, für die Uebergangszeit die Deutschen Interessen zu wahren, selbstverständliche Pflicht unseres Vereins.

An alle unsere Gesinnungsgenossen richten wir die dringende Aufforderung, unserem Verein beizutreten und dadurch ihr Interesse für die gute Sache des Bimetallismus zu bethätigen.

Die Mitgliedschaft wird erworben durch Zahlung eines jährlichen Minimalbeitrages von 5 Mark. Die Mitglieder erhalten alle Publicationen des Vereins gratis übersandt.

Alle Zuschriften für den Verein bitten wir an unsern Schriftführer Herrn Dr. Otto Arendt, Berlin W., Köthenerstraße 17, alle Geldsendungen an Herrn Banquier Oscar Keßner, Berlin W., Taubenstraße 30, zu adressiren.

Deutscher Verein für internationale Doppelwährung,
von **Kardorff,** Vorsitzender.

Bei **Wilhelm Braumüller,** k. k. Hof- und Universitäts-Buchhändler in Wien, ist soeben erschienen und durch alle Buchhandlungen zu beziehen:

Lehr- und Handbuch
der
Statistik
von
Dr. Max Haushofer,
Professor an der königl. technischen Hochschule in München.

Zweite, vollständig umgearbeitete Auflage.

gr. 8. 1882. Preis 8 Mark.

Der Verfasser dieses, in weiten Kreisen und vielfach benützten Buches hat sich der mühsamen Aufgabe unterzogen, dasselbe für die **zweite Auflage einer vollständigen Neubearbeitung** zu unterziehen. Die alten Zahlenangaben wurden fast ausnahmslos entfernt und durch die neuesten überhaupt verfügbaren ersetzt, im Texte einerseits bedeutende Kürzungen vorgenommen, andererseits durch Abänderungen und Zusätze Neues gebracht. In diesem Gewande dürfte die neue Auflage nicht nur als Lehrbuch, sondern namentlich als Nachschlagebuch bedeutend gewonnen haben und für Studirende, Beamte, Abgeordnete und alle im öffentlichen Leben Stehenden ein werthvolles Arbeitsmittel geworden sein.

Druckerei der „Berliner Börsen-Zeitung" (E. Metzoldt), Berlin, Kronenstr. 37.